*Heimatkunde Schwarzwald*

Ingeborg Gleichauf

# *Heimatkunde Schwarzwald*

cadeau

1. Auflage 2009

*www.hoca.de*
*Typografie und Satz:*
Farnschläder & Mahlstedt, Hamburg
Gesetzt aus der Adobe Jenson Pro
*Druck und Bindung:* GGP Media GmbH, Pößneck
Printed in Germany
ISBN 978-3-455-38051-4

HOFFMANN
UND CAMPE

---

*Ein Unternehmen der*
GANSKE VERLAGSGRUPPE

*Für Eberhard, Carolina, Riccarda, Imogen,*
*Theresia und Karl-Heinz*

# *Inhalt*

# *Anfang mit Rückblick*

Dreißig Jahre lang stellte sich ein seltsam mulmiges Gefühl ein, sobald ich in Freiburg in den Zug stieg, um »hoch« zu fahren. Ich litt fast unter Atemnot, obwohl das ziemlich übertrieben klingt, wie ich zugeben muss. Aber gut, ich neige manchmal zu Übertreibungen, trotzdem: Ein paar kleine Probleme mit dem Atmen, wenn es darum geht, sich in der erlebten Enge einzurichten, kann man mir vielleicht zugestehen. Und dass der Schwarzwald durchaus eine Nähe zur Enge haben kann, davon erzählt unter anderem auch der Roman *Ob wir wollen oder nicht* von Karl-Heinz Ott, in dem nicht zuletzt diese Gegend und ihre Abgeschnittenheit von der Welt ihren Anteil hat an der Ausweglosigkeit des Protagonisten, der sich, um seine Situation, nämlich verhaftet und ins Gefängnis gesteckt worden zu sein, einigermaßen auszuhalten, in eine Atemlosigkeit hineinredet, die ihn darüber hinwegzutäuschen vermag, dass er eigentlich gar keinen Atem mehr hat. Ich will nun nicht behaupten, so wäre es mir auch ergangen, aber, um ein wenig konkreter zu werden, die Mischung aus Schwarzwald und Kleinstadt, aus Metzelsuppe, Handharmonikaclub, Schwarzwaldtrio Seitz, Kegelabenden und Humpentrinken, hat der jungen, philosophisch-literarisch aufstrebenden, etwas dünnhäutig veranlagten Tochter eines Autohausbesitzers nicht geringe Probleme verursacht. Nachdem ich allem vermeintlichen Übel entronnen war, suchte ich den Schwarzwald nur noch sehr selten auf. Sogar aufs Wandern habe ich verzichtet, und das war immer eine meiner Lieblingsfreizeitbeschäftigungen gewesen. Immerhin war ich als Jugendliche, um den leidigen Sonntagsautofahrten mit meiner Familie zu entkommen, extra dem Schwarzwaldverein beigetreten. Bei jedem Wetter wanderte ich nun Sonntag für Sonntag in Kniebundhose und Wanderschuhen durch die Gegend und hatte keine Probleme damit, sechs Stunden reine Gehzeit in strömendem Regen zu absolvieren. Aber selbst das hatte ich verdrängt: dass man vom Schwarzwald als Kulturschock und sozialem Desaster in den Schwarzwald als Naturereignis fliehen kann.

Im Kopf und vor allem tiefer drin, im Gefühl, Gemüt, Herz, wie auch immer, wusste ich, dass meine endgültige und ganzheitliche Flucht mich irgendwann noch einmal herausfordern würde. Diese Stimme der Heimat sozusagen, die dir zuraunt: Hast du mich vergessen, bedeute ich dir denn für alle Zeiten nichts mehr?

Ein Jahr will ich mir geben. Ich bin in Aufbruchsstimmung, ich will es noch einmal genau wissen. Vorwärts ins Zurück, die Herausforderung annehmen, mich dem nicht nur sogenannten, sondern vielleicht wirklich Verdrängten stellen. *Raus aus dem Kasten* hat es Wilhelm Raabe seinen *Stopfkuchen* sagen lassen, ein Roman, der mich immer seltsam berührt hat, weil hier Provinz den Charakter von Weite kriegt, einer auf seinem kleinen Platz die Welt zu Gast hat. Vielleicht habe ja auch ich die Chance, bei meinen Touren, Wanderungen, Recherchen, Museumsbesuchen, im Nach- und Weiterdenken, Hören, Riechen, Schmecken, Erleben auf Ungeahntes zu stoßen.

Ganz deutlich riecht es nach Abenteuer, und das ist ein formidabler Geruch.

# 1.

## *Berge und Bäche, Wiesen und Weiher*

Bewegung ist gesund, und die Menschen ersinnen immer neue Möglichkeiten, um diesen Dienst an ihrem Körper effektiv zu gestalten. Jogging, Walking, Biking heißen zurzeit die beliebtesten Bewegungsarten. Und so sieht man zum Beispiel Väter und Mütter den leidigen Spaziergang mit dem Kinderwagen umgehen, indem sie joggen und schieben in einem. Schluss mit Blätterchen anschauen, langsam den Himmel oben vorbeigleiten sehen, den Vögeln lauschen. Die Devise heißt weit eher: Kinder, gewöhnt euch so früh wie möglich an das herrschende Tempo, sonst kommt ihr vielleicht später nicht mehr mit.

Aber der Wald ist tiefer als gedacht, und wenn man sich einfach nur gehend oder, etwas altmodischer ausgedrückt, wandernd hineinwagt, kann es sein, dass man nach einer Weile stehen bleibt und überlegt, wie eine solche Stille überhaupt noch möglich sein kann. Ein Sonntag, ein Feiertag, vielleicht sogar Ostern oder Pfingsten oder Muttertag: Über mehrere Stunden hinweg treffe ich keinen Menschen in der Gegend von Schollach im Südschwarzwald. Ein einziger Satz vermag alles zu fassen, was über diese Landschaft ausgesagt werden kann. Er stammt von den Machern der Homepage von Schollach: *Schollach, nichts als Gegend, aber was für eine!* Schollach ist ein Ortsteil von Eisenbach, hat 250 Einwohner und besteht aus einzeln liegenden Bauernhöfen. Und in dieser »Nichts-als-sonst-Gegend« komme ich in den Genuss, in einer höchst abwechslungsreichen Landschaft die Blicke schweifen zu lassen und dabei durch keine einzige Bausünde gestört zu werden. Wann bietet sich einem in unserer begradigungssüchtigen Zeit schon die Gelegenheit, einen Bach zu sehen, der in seinem natürlichen, kurvenreichen Bett dahinfließt? Wie hingetupft: Baumgruppen, hügelige Wiesen, verstreute Bauernhöfe. Tief durchatmen und denken: Dass du das alles fast vergessen hattest, in der Welt herumgereist bist, Urlaube in Italien, die Schönheit der Toskana, Siziliens, Kalabriens, Kataloniens genossen hast, um nun hier auf einem Baumstumpf zu sitzen, das Mittagsvesper zu essen und dich einfach nur zu freuen.

Gehtechnisch anspruchsvoller kann man von Kirchzarten auf einen der herrlichsten Aussichtsberge des Schwarzwaldes wandern, den Hinterwaldkopf. Er ist 1198 Meter hoch, das heißt, der Anstieg ist gewaltig, und irgendwann meldet sich notwendigerweise der Wunsch, zu sagen wie ein kleines Kind: Wann sind wir endlich da, ich kann nicht mehr, ich habe Hunger. Vom Gipfel genießt man den weiten Blick übers Dreisamtal, nach Kirchzarten hinunter oder auf der anderen Seite hinüber zum Feldberg. Auf den Blick nämlich kommt es an, wenn man sich in der Landschaft aufhält. Im Norden, auf dem platten Land, da hat man nur den endlosen Horizont, alles löst sich dort auf, und die Augen werden ruhig, oft sogar ein wenig schläfrig. Hier ist das ganz anders: Der Blick kann schweifen, sich festhalten an Details, an Hügeln, Bergen, Tälern, Baumgruppen, Gehöfte wahrnehmen, ein wenig zur Ruhe kommen, begutachten, weiterziehen. Einen hellwachen Blick braucht eine solche Landschaft, und nichts Hinterwäldlerisches hat dieser Hinterwaldkopf an sich, von wegen weltfremd oder einfältig, quasi die ganze Welt liegt ausgebreitet vor einem und vielfältig wie sonst was. Vielfältig ist auch die Küche in der nahe gelegenen Höfener Hütte. Das Glockengeläut des weidenden Rindes gibt dem Ganzen die musikalische Würze.

Es lohnt sich, den Schwarzwald nicht nur allein zu erwandern, sondern von Zeit zu Zeit jemanden mitzunehmen, vielleicht auch einmal jemanden aus einem ganz anderen Land. Dass man auf dem Freiburger Hausberg Schauinsland den Eindruck bekommen kann, da sei zu viel Sauerstoff, sehr viel »leichte Luft« und es sei wirklich alles voller Bäume, wenn man sich umsieht: Einem Süditaliener nimmt man das ohne Zögern ab. »La foresta nera« kennt man in Italien natürlich auch, aber wenn der Italiener noch dazu ein Musiker ist, kann es passieren, dass er es oben auf dem Berg bei Wind und nicht allzu sommerlichen, eher kühlen Julitemperaturen bedauert, kein Aufnahmegerät dabeizuhaben. Den Wind aufzunehmen, der durch die Bäume rauscht, und die Stille, die den Hintergrund bildet, ein Sound von eigener Qualität! Und wenn er da steht und sagt: »Bellissima«, dann glaube ich das auf Anhieb.

Lassen wir den Schauinsland hinter uns und fahren weiter Richtung Todtnau. Es ist schon fast peinlich, dass ich, da ich mehrere Semester jeweils ein Seminar zu Heidegger besucht habe, noch nie den Heidegger-Rundweg in Todtnauberg gegangen bin. Aber nun ist es geschehen, an einem sehr stürmischen Tag Ende September, Rollkragenpullover, Windjacke, Kapuze auf dem Kopf, die Hände klamm, man hätte Handschuhe gebraucht. Hat Heidegger es nicht geschrieben in einem Brief an Hannah Arendt, wie es ist, wenn der Wind um die Hütte heult und wie dies das das Denken befördert? Er heult wirklich, er zerzaust mir die Haare und greift ein in das Geschäft der Gehirnwindungen, die es dem Meisterphilosophen nachmachen wollen. Nein, bei Sturm kann und konnte ich noch nie nachdenken. Wie auch soll man einen Gedanken festhalten, wenn es nur so saust und braust? Ich hätte nicht gedacht, dass die berühmte Hütte so klein ist, ein Puppenhäuschen ist es, für sehr kurze Menschen geeignet, und wie Heidegger es mit noch einer Person überhaupt ausgehalten hat auf so engem Raum, ist kaum vorstellbar. Bei diesem starken Wind rasen die Wolken nur so dahin, so dass man auf den sonnigen Matten ihre Schatten wie Gespenster vorüberhuschen sieht. Das hätte ihm gefallen, dem Philosophen. Aber ob ihm der Blick aus dem Fenster auf die gegenüberliegende Seite auch noch gefallen würde, ist fraglich, denn da sieht der Hang ziemlich arm aus, gelblich, kein saftiges Grün, malträtiert von den Skifahrern und verschildert wie in einer Stadt: *Bitte richtig einordnen*. Genauer heißt das, Skifahrer werden aufgefordert, sich rechts zu halten, Snowboardfahrer hingegen sind angewiesen, links zu fahren.

Nicht alles ist jedoch unangenehm, was im Schwarzwald an den Bäumen hängt. Sehr angenehm sind die sogenannten Landsitze, die es an verschiedenen Orten gibt. Es handelt sich um eine Art Vogelhäuschen, das zwischen zwei Bäumen aufgehängt und drehbar ist und in das man sich setzen kann, um sich die Landschaft rundum anzuschauen.

Nicht ganz so weit oben und leichter zu erreichen ist Hinterzarten. Wir haben die Zeit »zwischen den Jahren«, Besuch ist angereist, viel Besuch. Ein junger Mann kommt direkt aus Krefeld, und ich lerne, dass das die Stadt in Deutschland sein soll mit der schlechtesten Luft. Wie im vollen Bus röche es und dazu noch vermischt mit dem »Duft« von Verbranntem. Mein Ehrgeiz ist es, in das blasse Gesicht des jungen Herrn Farbe zu bringen, ich nehme mir vor, ihn nicht weggehen zu lassen, bevor ich seine Wangen und vielleicht auch die Nase nicht von gesunder Winterluft gerötet gesehen haben würde. Also fahren wir an einem knackig kalten Sonntag nach Hinterzarten. Der Himmel zeigt sich verhangen, ein eisiger Wind weht, und alle Wangen ringsum sind sehr schnell knallrot. Auf geht's in den Wald, ein Stück bergauf, und unser Jüngling, ein Mensch mit immenser Fotografierbegeisterung, findet ein Motiv nach dem anderen. Ich habe zwei Tage zuvor den neuen Film von Wim Wenders gesehen, *Palermo Shooting*, und denke, hier hätte Wenders seinen Protagonisten genauso gut hinschicken können. Hier wäre der Tod ihm nicht gram gewesen, weil er ihn fotografiert hat. Hier hätte er, anders als in Palermo, aber ebenso intensiv, das Nebeneinander, das Ineinander von Leben und Tod beobachten können. Da sind Bäche, zum Teil vereist, aber gleichzeitig fließend, da ist harter harschiger Schnee, und dazwischen lugen Wiesenflecken hervor. Die besten Bedingungen für ein intensives Black-Forest-Shooting, könnte man sagen.

Krefeld liegt an diesem Tag auf einem anderen Stern. Keiner möchte nach dem langen Spaziergang gleich zurück nach Freiburg, und so wird noch ins Schwarzwälder Traditionscafé Imbery gegangen, wo unser Fotograf sich des Motivs Schwarzwälder Kirschtorte annimmt, ein gigantisches, höchst wohlschmeckendes Exemplar zwiefach dem Tod anheimgibt, indem er es nicht nur verzehrt, sondern auch noch ins Bild hinein erstarren lässt. Vollgepumpt mit guter Luft, wohlgesättigt und das Gesicht bar jeder Blässe, kutschiert uns ein zufrieden lächelnder Winterwaldbesucher ins Tal zurück.

Wandern als Schwarzwälderin im Schwarzwald, das bedeutet eine stete Konfrontation mit der Vergangenheit. Wie leben die Menschen jetzt hier, wie lebten sie früher? Und: Wie habe ich diese Landschaft während meiner Kindheit und Jugend erlebt, und wie erlebe ich sie nun? Das »Erlebnis« Landschaft, inwieweit unterliegt es einem Wandel?

In Furtwangen-Neukirch gibt es seit 2004 einen Historischen Pfad von 6,5 Kilometern, an dessen Rand sechzehn Tafeln etwas erzählen über die Vergangenheit, vor allem bezüglich der Beziehung von Mensch und Wald. Von einer extremen Waldzunahme ist die Rede. Um 1800 waren achtzehn Prozent der Gegend um Neukirch Wald, heute sind es 64 Prozent. Interessant ist die Wortwahl, immer wieder geht es darum, deutlich zu machen, dass die Waldzunahme eine Einbuße an Erlebnismöglichkeiten bedeute, dass die Landschaft ihren offenen Charakter verloren, der Aussichtsreichtum dramatisch abgenommen habe. Ich muss sagen, dieser Erlebnisbegriff befremdet sehr, denn wieso bitte soll es nicht möglich sein, eine Landschaft zu erleben, deren Hauptmerkmal der Wald ist? Gehört Wald nicht zur Landschaft dazu, ist Wald etwas Nichtlandschaftliches? Klar, die Zeiten haben sich extrem verändert, es gibt keine Köhler mehr, keine Seiler, die Mühlen sind nicht mehr in Betrieb. Das Rad lässt sich nicht zurückdrehen. Wäre nicht vielmehr zu überlegen, welche Möglichkeiten es gäbe, den Wald neu zu nutzen, könnte die Pellet-Herstellung nicht wenigstens erwähnt werden oder die Bedeutung des Waldes als Sauerstofflieferant? Auch finden der Klimawandel und die Luftverschmutzung mit keinem Wort Erwähnung auf den Tafeln. Dabei ist es offenkundig, dass ein riesiger Teil des Waldes krank ist. Der Wald selbst ist ein anderer geworden, und damit hat sich das »Erlebnis Wald« verändert. Eine ganz andere Art »offene« Landschaft nämlich ist entstanden: Der Wald ist gewissermaßen lichter geworden, die frühere Dichte, das richtig Dunkle, ist verschwunden. In diesem Wald verlaufen sich Hänsel und

Gretel nicht mehr. Es kann nicht darum gehen, eine verlorengegangene Erlebnismöglichkeit, etwa einen bestimmten weiten Blick in eine Gegend, zurückzuwünschen, sondern den Menschen gegenwärtig zu Erlebendes bewusst zu machen.

Dennoch lohnt es sich unbedingt, diesen Pfad zu gehen. Man erfährt zum Beispiel etwas über die Haltung der Nationalsozialisten zur Forstwirtschaft. In der NS-Zeit waren »ungeordnete Waldbestände« verboten, also: nicht zu viele verschiedene Baumsorten, Monokultur am besten, wie bei den Menschen auch. Am Rappenfelsen ist eine Tafel angebracht zur Erinnerung an ein sagenumwobenes Mädchen, das, von einem französischen Soldaten verfolgt, den Sprung über die Schlucht überlebte, während der Verfolger den Tod fand. Am Weg stehen zahlreiche historische Gebäude, in denen Müller wohnten, Bäcker oder Seilmacher. Die meisten dieser Häuser haben übrigens eine Satellitenschüssel: Erlebnis Gegenwart kann ich da nur sagen. Zwar ist die Landschaft nicht mehr so offen, dass sich Eidechse und Heckenrose auf den warmen Steinen niederlassen, dafür ist die Öffnung Richtung große weite Welt längst erreicht, und Exotischeres als Eidechse und Heckenrose haben den Schwarzwald erobert, trotz extremer Waldzunahme.

Der Historische Pfad ist ein Rundgang, und kurz vor dem Ende bietet sich eine gediegene Einkehr im Gasthof zum Ochsen ganz in der Nähe von Neukirch an. Bereits im achtzehnten Jahrhundert war hier ein Gasthaus, und im Jahr 1805 wurden der Wirt und ein Knecht in der Gaststube vom Blitz getroffen und starben. Ironie des Schicksals, wenn die Rundwanderung an einem heißen Julitag stattfindet, man sich gerade müde und hungrig niedergelassen hat und plötzlich überrascht wird von lautem Donnergrollen, Blitz und heftig einsetzendem Regen, der alsbald mit dicken Hagelkörnern vermischt ist. Da hilft nur eine Forelle, am besten »blau«, mit zerlassener Butter und Salzkartoffeln, serviert von der überaus freundlichen Bedienung, vielleicht sogar bereits filetiert, sodass man gleich anfangen kann mit dem Verspeisen. Alles, der Fisch, die Kartoffel, die Butter, der Salat, die warme Atmosphäre, trägt dazu bei, dass es sich hinterher sogar aushalten lässt, dass sich die Luft um nahezu fünfzehn Grad abgekühlt hat, wie es halt so üblich ist nach einem Gewitter im hohen Schwarzwald. Auf den Wiesen und am Waldrand haben die Hagelkörner ein Weiß hinterlassen, das an den letzten Schnee eines späten Apriltages erinnert und bestens zu den Temperaturen passt. Eine phantastische Stimmung, ein »Erlebnis« besonderer Art, um beim Wort des Tages zu bleiben. Wer sich noch etwas gruseln möchte, sollte einen Abstecher ins Hexental machen, vielleicht bis nach Glashütte hinunter.

Mensch und Wald, das ist auch Thema, wenn man eine Wanderung auf den 872 Meter hohen Mooskopf unternimmt. Der Mooskopf gehört zum Gebirgszug Die Moos im Mittleren Schwarzwald zwischen Gengenbach und Oppenau. Als ich mich beim Tourismusbüro in Oppenau erkundige, wie es zu dieser weiblichen Form gekommen ist, was ja durchaus ungewöhnlich ist bei einem Gebirge, stoße ich mit meiner Frage ebenfalls auf Erstaunen, niemand scheint sich darüber Gedanken gemacht zu haben. Der überaus freundliche Herr meint aber schließlich, das käme vielleicht daher, weil die Renchtäler schon immer emanzipiert gewesen seien. Auf den Kopf gefallen sind sie auf jeden Fall nicht, und schließlich einigen wir uns darauf, dass es daran liegen könnte, dass es sich bei der Moos weit eher um eine Hochfläche handelt, allerdings von immerhin sechs bis acht Kilometern Länge. Die Moos ist vermutlich ein Sammelbegriff für die verschiedenen Berggipfel, die diesen Höhenzug ausmachen, und geht eventuell auf die Kelten zurück.

Was mich die Erfahrung des Anstiegs von Oppenau aus auf den Mooskopf gelehrt hat: Das ist kein Spaziergang, sondern hier zeigt sich, wie es um Kraft und Ausdauer bestellt ist. Mich hat diese Tour die Sohlen meiner Wanderschuhe gekostet, und den letzten Rest des Weges hatte ich immer das Gefühl, im nächsten Augenblick barfuß zu gehen. Glücklicherweise hat der Schwarzwaldverein für eine perfekte Beschilderung gesorgt, denn verlaufen sollte man sich im Gebiet der Moos nicht: Eine alte Geschichte erzählt davon, dass hier einst ein Mönch des Klosters Allerheiligen auf dem Weg zu einer Letzten Ölung die Hostie verlor und dass seither sein Geist umgeht und die Wanderer in die Irre führt. Und wer weiß, vielleicht ist auch der Geist von Johann Baptist Herrenberger, genannt der Konstanzer Hans, in seine Heimat zurückgekehrt. Der gefürchtete Räuber wurde 1759 in Oppenau geboren, zeigte aber schließlich Reue, wurde sogar als Hilfspolizist angestellt und war als solcher sehr hilfreich bei der Suche nach weiteren Gaunern und Gaunerunterschlupfen. Außerdem verfasste er ein Wörterbuch der Gaunersprache. Auch dieser Oppenauer also ein findiger, kluger Bursche.

Die Tour geht zunächst steil empor durch den Wald bis nach Kalikutt, das aus ein paar wenigen Häusern und einem Hotel gleichen Namens besteht. Der Name hört sich nach Phantasieland an, ist aber relativ leicht zu erklären: »kutt« meint eine Senke, »kali« bedeutet kahl und ist ein Hinweis darauf, dass die Senke früher nicht bewachsen war. Heute gibt es viele Apfel- und Kastanienbäume hier. Kahl ist es jetzt oder genauer gesagt seit dem Dezember 1999 weit eher auf dem Mooskopf selbst, denn »Lothar« hat hier mächtig gewütet und die reiche Bewaldung, die fast ausschließlich aus Fichten und Tannen bestand, gänzlich hinweggefegt. Nun lässt man die Gegend sich selbst entfalten, und es ergibt sich ein bunteres Bild als zu Zeiten der Monokultur. Auf dem Gipfel habe ich heute noch einen mindestens so weiten Blick wie Simplicius Simplicissimus, der einige Zeit auf der Moos verbrachte:

*Ich wohnete auf einem Hohen Gebirg, die Moos genannt, so ein Stück vom Schwarzwald und überall mit einem finstern Tannenwald überwachsen, von demselben hatte ich ein schönes Aussehen gegen Aufgang in das Oppenauer Tal und dessen Nebenzinken, gegen Mittag in das Kinziger Tal und die Grafschaft Geroldseck, allwo dasselbe hohe Schloß zwischen seinen benachbarten Bergen das Ansehen hat wie der König in einem aufgesetzten Kegelspiel; gegen Niedergang konnte ich das Ober- und Unterelsaß übersehen, und gegen Mitternacht der Niedern Markgrafschaft Baden zu den Rheinstrom hinunter, in welcher Gegend die Stadt Straßburg mit ihrem hohen Münsterturm gleichsam wie das Herz mitten mit einem Leib beschlossen hervorpranget, mit solchem Aussehen und Betrachtungen so schöner Landgegend delektierte ich mich mehr als ich eifrig betete, wozu mich mein Perspektiv, dem ich noch nicht resigniert, trefflich anfrischte.*

In der Tat ist der Blick bis nach Straßburg, ins Elsass, zur Hochkönigsburg, hinüber zu Hornisgrinde und Kniebis grandios.

Immer wieder ist es Thema, und es wird Thema bleiben: das »Erlebnis« Schwarzwald.

Einmal ein paar Tage ganz allein sein, vielleicht in einem kleinen Häuschen, vielleicht in einem besonders stillen Ort des Schwarzwaldes, vielleicht in Falkau im Feldberggebiet, nahe des Schluchsees, des Windgfällweihers. Eigentlich ist Falkau kein Ort im echten Sinn, es hat keinen Ortskern, besteht seit je aus ehemals verstreut, nun nahe beieinanderliegenden Häusern. »Stille« ist ja durchaus ein Thema in dieser hektischen Zeit. Das Stille-Geschäft floriert, das geht los bei mehr oder weniger professionellen Stille-Beratungsstellen und setzt sich fort bei Angeboten, sich per Reiseveranstalter in »Wohlfühloasen« bringen zu lassen, die Stille und damit verbunden das Finden der eigenen Mitte garantieren, was offensichtlich am besten auf Safaris in Namibia, Kajaktouren oder »Roadtrips« gelingt. Weitere Angebote versprechen den Leuten, dass der Weg in die Stille auch das Gehör für das schärft, was die Stille zu erzählen hat. Oho, sag ich da nur, die große Geschichtenerzählerin Stille, das hört sich geheimnisvoll an, und offenbar ist gerade dies Geheimnisvolle besonders werbeträchtig. Was immer etwa der »Nektar der Stille« sein mag, es klingt süß und unerklärlich. Es wirkt geradezu fremd, in diesen ganzen Stille-Trubel hinein mit dem Schwarzwald zu kommen, mit Falkau und dem Weg durch den Wald, nach Saig etwa, dem Blick ins

Weite, den taufeuchten Wiesen am Morgen, dem Sonnenuntergangsduft am Abend, Sonne, Mond und Sternen. Und dass man zusätzlich zu alldem auch noch die Stille kriegt, nachts nicht schlafen will, weil man nicht genug bekommt davon, dabei das Gefasel über das Finden der inneren Mitte vergisst, auch nicht denkt, dass Kraft aus der Stille kommen könnte, man hier so etwas wie eine »Wohlfühloase« gefunden habe. Genuss pur ist das, und da kommt mir der Heidegger dazwischen, und ich denke schon, die Stille stillt, das hat was, so könnte man's sagen, aber eben im ganz und gar natürlichen Sinn, ohne seinsgeschichtlichen Bezug, der Meisterdenker möge Nachsicht üben.

Am Abend dann allein ins Gasthaus, sich umschauen, den Gesprächsfetzen und manchmal ganzen Gesprächen lauschen, auch das ein »Erlebnis« besonderer Art. Zum Beispiel im zweihundert Jahre alten Gasthaus Bierhäusle in Falkau, bei einem köstlichen Pilzgericht etwa (typisch schwarzwälderisch): am Nebentisch eine Familie, Mutter, Vater, zwei Kinder, der Dialektfärbung nach zu urteilen aus dem Rheinland stammend, alle in Illustrierten blätternd, sich laut über das Gelesene austauschend, Sohnemann möchte Zeitung, Vater entgegnet, bald sei er so weit, er wolle nur gerade noch »mal Aldi schauen«. Da hat es mich aber doch wieder voll aus der Stille herausgehauen, ins pralle Leben aus Konsum und Kommerz hinein. Dann ein kleines Gespräch mit der Bedienung: Es sei schwierig geworden mit dem Fremdenverkehr hier in Falkau, ein regnerischer Tag und die Leute wüssten nichts mehr anzufangen mit sich, ständen da mit erwartungsvollen Augen, harrten der Antwort von Seiten ihrer Gastgeber, wollten wissen, was man Regentagsgeschädigten anzubieten habe hier oben weit vom Schuss. Sie, die Bedienung, sei aber froh, dass man nicht alles der Tourismusbranche geopfert habe, sie finde, die »Grundlandschaft« sei noch immer dieselbe. Bei diesem Wort aber klingelt es natürlich heftig im Ohr der Langzeitphilosophiegeschädigten: Was heißt hier »Grundlandschaft«? Dass eigentlich alles noch ist wie früher, Baum, Strauch, Wiese? Dass zwar tourismusmäßig immer mehr herumgedoktert wird, aber die Landschaft als solche nicht totzukriegen ist? Sicherlich steckt in der Aussage eine große Sehnsucht, ein Wunsch nach dem Unverlierbaren, also eigentlich das, was man schon immer verbunden hat mit dem Ur-mäßigen, dem Ewigkeitscharakterlichen der Gegend. Das Wahre, Echte, hält sich auf jeden Fall. Womit ich wieder einmal bei einem der schwierigsten Punkte gelandet wäre und doch mal den alten Goethe ranlasse, das Zauberwort hieße dann *Dauer im Wechsel,* also der ewige Schwarzwald in der Auseinandersetzung mit wechselnden Zeittendenzen?

Mit »Grundlandschaft« ist die unverwechselbare Identität einer Gegend gemeint. Diese Identität kann aber nicht eine Art von »Grund« darstellen, auf dem dann die modernen Zeiten sich austoben dürfen. Die Identität einer Landschaft kann selbst an Veränderungen teilhaben, ohne zu etwas ganz anderem zu werden. Landschaft selbst ist ja nicht etwas Unbewegliches, sondern bildet sich heraus aus dem Zusammenspiel von Natur und Kultur. Als an Weihnachten 1999 der Orkan »Lothar« ganze Wälder zum Verschwinden brachte, Hochflächen kahlrasierte, veränderte er damit Landschaft. Ende 2003 wurde an der Schwarzwaldhochstraße beim Schliffkopf im Landkreis Freudenstadt ein zehn Hektar großes Gelände zum Bannwald erklärt und ein Lehrpfad, der Lotharpfad, eingerichtet. Besucher können erleben, wie die Natur mit einer solchen Katastrophe umgeht, wie sie sich aus sich selbst heraus wieder aufhilft, wie Landschaft sich ein neues Gesicht gibt.

Was aber, wenn Menschen einwirken auf die Landschaft, dies jedoch nicht mit Brachialgewalt, sondern mit sehr viel Feingefühl tun?

An einem schon leicht spätsommerlichen Sonntag fahre ich ins Simonswäldertal. Eine Möglichkeit unter vielen, sich wanderderweise in dieser Gegend zu bewegen, ist der Mühlenwanderweg. Er beginnt auf dem Festplatzgelände, einem insofern übrigens regelrecht abgründigen

Gebiet, als sich hier im Winter 2004 das Epizentrum eines Erdbebens mit der Stärke 5,4 auf der Richterskala befand, und führt über Haslachsimonswald zum Gummeneck und durch das Weberloch zum Ausgangspunkt zurück. Das Wegenetz ist einmalig in der Vielfalt dessen, was es zu entdecken gibt, was man sich ergeht, was man als Ruhepunkt nutzen kann. Die Ausblicke sind phantastisch, die kleinen Waldstücke purer Genuss, dann die vielen großen und kleinen Bäche, Wiesen und nicht zu vergessen: Immer wieder laden Bänke zum Verweilen ein. Das wichtigste aber auf diesem Weg sind natürlich die Mühlen, die in den letzten Jahren aufwendig restauriert wurden. Zum Beispiel die Schwanenmühle, neben dem ehemaligen, allerdings schon vor sechzig Jahren geschlossenen Gasthaus zum Schwanen im Haslachertal gelegen. Ein Bänkchen vor der Mühle lädt zum Sitzen und Lauschen ein. Ein anderes Mühlenkleinod liegt am Neuenberg: die Wehrlehofmühle, 1879 erbaut, 2000 originalgetreu restauriert von Zimmermann Helmut Tritschler, der sich einen Namen gemacht hat als Simonswälder Mühlenrestaurator. Ein Meisterstück Tritschlers ist die Kronen-Mühle, die ursprünglich zum Adamshof gehörte und beim Festplatz von Simonswald wieder aufgebaut wurde. Selten bietet sich die Gelegenheit, ein altes Handwerk in einer herrlichen Landschaft so umfassend erleben zu können.

In Freiburg: Sonne, auf dem Schauinsland: Sonne, in Todtnau: Sonne. In Bernau, der Landschaft meiner Sehnsucht: Nebel! Klar, es ist Mitte Oktober, aber Inversionswetterlage ist gemeldet, und das heißt ja eigentlich, oben wird es schöner sein als unten. Seit ich an diesem Buch schreibe, durch die Lande tigere, per Auto, zu Fuß, mit dem Zug, schwirrt mir Bernau im Kopf herum. Eine nicht klar ins Bewusstsein zu holende Erinnerung muss da ihre Wirkung tun. Natürlich war ich irgendwann in Bernau, und natürlich muss es mir gefallen haben, sonst wäre der Wunsch nicht so groß, wieder einmal hinzugehen. Und nun statt sonnendurchflutetem Höhental (es soll eines der schönsten im Schwarzwald sein) Nebelnieselgeruch in der Nase, kein Ausblick, kein Weitblick, höchstens ein Nahblick, die Hand sehe ich vor dem Gesicht. Trotzdem werden die Wanderschuhe angezogen, der Rucksack kommt auf den Rücken, und es geht aufwärts, rigoros. Ein Schild: *Blößling 4,5 km*. Na, das wäre doch zu schaffen an diesem frühen Morgen, bei diesem Wetter. Auf dem Weg aufwärts: Kühe tauchen auf aus dem Nichts, ein Skilift wirkt sehr verlassen und wie halb verschluckt von der milchigen Brühe, plötzlich auf der linken Seite in der Wiese drei Buchen, deren wunderschöne rote Färbung durch den Nebel hindurchleuchtet. Und der Himmel scheint sich aufzuhellen, wird immer blauer, die Sonne ist plötzlich da, die Gräser voller Spinnweben, denen der Tau ein bizarres Aussehen gibt, im Tal unten immer noch dicker Nebel, aber Freude darüber, dass ich mich nicht etwa missmutig in ein Café gesetzt habe, hadernd mit meinem grauenvollen Nebelschicksal, sondern losgestiefelt bin, ohne Furcht, voller Tatkraft. Eine Stunde etwa geht's bergan, bis der Blößlinggipfel erreicht ist: immerhin 1310 Meter hoch. Alpenblick ist heute und rundherum Berge, Berge, Berge, Täler, Täler, Täler bis zum Horizont und, so phantasiere ich, noch weit darüber hinaus, endlos, und in Umformung eines Zitats von Ingeborg Bachmann schwinge ich mich dazu auf zu sagen, dies ist eine Landschaft, die für die Augen gemacht ist. Nach einer gediegenen Vesperpause geht es wieder bergab. Immer wieder gibt es weite Ausblicke, und ich verstehe jetzt erst so richtig, was ein Hochtal ist, denn eigentlich liegt ein Tal ja drunten, aber hier hat man Talgefühle, obwohl man auf der Höhe spaziert. Heilsam ist das, wohltuend für die Seele. Ich fühle mich wohl allein auf weiter Flur, aber nicht trostlos eingeklemmt in ein enges Tal oder in schwindelerregende Schluchten blickend. Keine wilden Geister oder sonstige Sagengestalten lauern im Dickicht, es ist alles klar, anmutig, poetisch stimmend.

Genauso wie es mich nach Bernau gezogen hat, zog es mich nach Breitnau, dorthin aber nicht nur der Landschaft wegen, sondern aus einer starken gefühlsmäßigen Erinnerung heraus: In den späten fünfziger und frühen sechziger Jahren fuhren meine Eltern immer einmal wieder an einem Samstagabend mit uns Kindern in das Gasthaus Zum Strauß in Breitnau-Siedelbach. Meistens gab es dann eine Schlachtplatte, an die mein Magen sich als fürchterliche Zumutung erinnert: zuerst eine Fleischbrühe, genannt Metzelsuppe, dann eine Blutwurst, eine Leberwurst, eine Bratwurst, schließlich Kesselfleisch, und das alles mit Sauerkraut und Kartoffelbrei. Die Zumutung bestand darin, dass all diese Sachen auf einmal und nicht auf mehrere Tage verteilt zu essen waren. Alles andere aber habe ich behalten, als wäre es ein schöner Traum gewesen: Vor allem im Winter, die Landschaft tiefverschneit, man kam fast nicht bis zum Gasthaus hin. In der Stube war es warm, es roch nach Essen, aber auch nach den um den Kachelofen herum aufgehängten Windeln, eine durchaus sehr speziell zu nennende Duftkomposition, denn die Windeln waren nicht gewaschen worden, bevor man sie aufgehängt hatte, es »seichelte« also ziemlich kräftig. Die Bauersfrauen haben das übrigens häufig gemacht, einfach aus dem Grund, weil sie mit Arbeit völlig überlastet waren und sich auf diese Weise trickreich um die große Windelwäscherei drücken konnten. Die Wirtsleute, Klara und Friedrich Reiner, eigentlich die Bauersleute, denn das Gasthaus hatte nur am Samstagabend und am Sonntag geöffnet, entsprachen ganz und gar nicht dem, was Kinder sich unter bäuerlichen Menschen vorstellen, so fein, zurückhaltend, regelrecht schön erschienen sie mir. Und all das ist als starkes Bild geblieben. Nun also bin ich wieder hier, an einem Frühsommersamstagnachmittag. Ich weiß, dass der Hof im August 1995 abgebrannt ist und dass ich das Haus aus der Kindheit nicht wiederfinden werde. Ein seltsames Gefühl bei der Ankunft, dann mache ich zuerst einen kleinen Spaziergang, es ist die alte Gegend, es ist der alte Geruch, es stellt sich das alte Wohlgefühl ein. Dann in die neue Gaststube, ins Gespräch kommen mit den Wirtsleuten: genau die gleiche Freundlichkeit, Offenheit, nichts Hektisches, nichts Geschäftiges. Auf die Metzelsuppe komme ich nicht zu sprechen. Stattdessen gibt es selbstgemachten Käse mit Brot. Ich gebe zu, ein wenig komme ich ins Träumen, ein wenig auch habe ich Fluchtgedanken an diesem Ort: noch einmal zurück, noch einmal Kind sein, nicht wieder wegfahren müssen.

Es ist verrückt, seit ich wieder so richtig mit dem Wandern angefangen habe, vergeht nahezu kein Wochenende, an dem ich mich nicht auf den Weg mache. Fast ist es schon so, dass mir etwas fehlt, wenn ich nicht wenigstens an einem Tag der Woche meine Wanderschuhe anziehen kann. Wie lange hatte ich dieses Wohlgefühl nicht mehr, wenn ich nach langer Wanderung wieder zu Hause ankomme, wie konnte ich nur so viele Jahre darauf verzichten.

Am Plattensee war ich noch nie, ein echtes Versäumnis, nicht nur weil er landschaftlich reizvoll liegt, sondern weil man hier beobachten kann, wie drei Formen erneuerbarer Energien auf engem Raum zusammenkommen. Der drei Hektar große Stausee dient schon seit über hundert Jahren als Stromlieferant. Sein Wasser fließt in den Zweribach und beliefert so das Simonswäldertal mit Strom. Außerdem sind in unmittelbarer Nähe, auf der sogenannten Platte, sechs Windräder gebaut worden, die allen Kritikern und Meckerern zum Trotz mein »Erlebnis« Schwarzwald kein bisschen beeinträchtigen. Außerdem ist das Dach der neuen Scheune des Gasthauses Plattenhof mit Sonnenkollektoren reich bestückt. Die Anstrengungen, Strom aus erneuerbaren Energien zu gewinnen, erhöhen meine Freude an der Natur um ein ganzes Stück. Draußen dann vor dem Gasthaus beim Vesper schreibe ich in mein kleines Büchlein, als eine Dreiergruppe mit großem Hund ankommt. Der eine der beiden Männer sieht mich mit Buch und meint: »Mer bruucht nit blättere, es macht's vu selber.« Eigentlich eine tolle Werbung für die Windkraft in dieser Gegend, denn in der

Tat, obwohl ansonsten windstill, weht es hier recht kräftig, sodass ich meinen Anorak trotz Sonne anbehalte. In St. Peter erscheint es mir geboten, in die Kirche wenigstens einmal hineinzuschauen. Ich kenne sie, allerdings, wie ich gestehen muss, fast ausschließlich als Raum, in dem ich wunderschöne Konzerte gehört habe. Jetzt, nach der Wanderung, merke ich, dass es mir nicht auf Knopfdruck gelingt, mich zu konzentrieren auf den prunkvollen barocken Kirchenraum. Ich beschließe, mich erst einmal in eines der Cafés zu setzen, und bei Schlagergedudel trinke ich meinen Nachmittagskaffee, beobachte ein älteres Paar, das vor sich hin starrt und kein Wort redet und bin sehr bald reif für die Kirche. Alles lebt doch auch aus dem Kontrast heraus, denke ich, nach der intensiven Bewegung im Freien in herrlichster Landschaft konnte ich die Schönheiten der Kirche nicht aufnehmen, aber nun, nach dem ernüchternden Cafébesuch, ist mir nach Glanz und viel Gold zumute. Lange bleibe ich vor dem Taufstein stehen, den Christian Wentzinger 1739 geschaffen hat. Oft weiß man nicht, wieso einen ein Kunstwerk anzieht, ein anderes, vielleicht sehr bedeutendes, hingegen nicht. Ich habe mich nie mit der Taufe Christi näher befasst, aber diese Darstellung hat für mich etwas sehr Eigenes. Dieser Johannes macht den Eindruck eines Tänzers, auf jeden Fall strahlt er eine Leichtfüßigkeit aus und ist ganz selbstverständlich der Gebende in diesem Moment, während die Christusfigur in aller Bescheidenheit das Geschenk entgegennimmt. Mir scheint hier über das direkte Zitat aus der Bibel etwas gelungen zu sein, für mich wird eine Geschichte von Geben und Nehmen erzählt. Gut, dass ich noch einmal zurückgekommen bin und es nicht beim Besuch des Cafés belassen habe. Im Kopf bleibt ein Gemisch aus Grün und Wind, aus Tortenstücken und schweigenden Paaren, aus einem tanzenden Johannes und viel Gold.

Und dann setze ich mich wieder ins Auto und verlasse »St. Peter auf dem Schwarzwald«.

Inzwischen hat es zum ersten Mal richtig heftig geschneit. Ich finde, kein Baum sieht schneebedeckt so herrlich aus wie Tanne oder Fichte. Das ist mir fast ein wenig peinlich, diese kindliche Freude an schneebedeckten Bäumen, diese Freude jedes Jahr, wenn es zum ersten Mal schneit. Und warum nicht an einem solchen winterlichen Morgen eine Tour in den Hotzenwald machen, in diese Gegend, die bis heute den Ruch des Düsteren, Rauen, Hinterwäldlerischen hat. Dabei hießen die Bewohner der ehemaligen Grafschaft Hauenstein bis in die Mitte des neunzehnten Jahrhunderts »Wälder«. Ich erinnere mich, dass mein Vater immer dann, wenn es darum ging auszudrücken, wie rückständig und stur jemand ist, sagte: »Oh, ist das ein Wälder!« Der Begriff des Hotzenwälders taucht zum ersten Mal bei Victor von Scheffel auf. Woher das Wort letztlich stammt, ist bis heute ungeklärt: Es gibt im Alemannischen ein Wort »Houtz«, was so viel wie Bauer oder Wälder heißt. Im Mittelhochdeutschen existiert das Verb hotzen, was schnell gehen oder schaukeln bedeutet. Vielleicht aber auch kommt es von hotten, was heißt: Wasser entziehen.

Meine Fahrt in den Hotzenwald kennt ein konkretes Ziel: Herrischried-Großherrischwand. Dort will ich einen Glasmacher besuchen. Schon auf der Schauinslandstrecke ein unglaublicher Blick auf die Vogesen. Beschwingt geht es weiter Richtung Todtnau, an Schlechtnau vorbei, vor Schönau ab Richtung Todtmoos. Immer schon fand ich diese Ortsnamen gruselig, dabei kann man eigentlich sagen, es wird immer besser: Erst der Tod, dann nur noch das Schlechte und schließlich wird es schön. Heute geht es von schlecht gleich wieder nach Todt, ohne vorher das Schöne genossen zu haben. Aber weit gefehlt: Spätestens auf dem Hochkopf, 1263 Meter über dem Meer, wird das Schöne einer jeden schönen Au weit übertroffen. Das »Tor zum Wehratal« ist bei entsprechendem Wetter auch ein Tor zur überwältigenden Bergwelt der Alpen, und heute ist solch ein Tag, ich kann Eiger, Mönch und Jungfrau sehen. Dazu die Sonne im Gesicht, und jede Angst vor der Weiterfahrt ins drunten gelegene Todtmoos ist hinweggefegt. Wer hier oben gestanden und in die Weite geblickt, sieht Tod und Höllenpein offenen Auges ins Gesicht. Es geht weiter, ich lasse Todtmoos rechts liegen und erreiche bald darauf die Hochebene von Großherrischwand. Das Auto abgestellt und los geht es den Berg rauf. Ein netter Mann erklärt, es gäbe einen wunderbaren gebahnten Weg, er meint es gut, hat aber nicht bedacht, dass gebahnt jetzt im Winter meint: freie Fahrt für Langläufer, Verbot für Hunde und Fußgänger. Das altbekannte Loipeneinbahnschild ist auch da. Ich wähle den Weg Richtung Wehrhalden. Oben wieder Alpenblick, und da ist nichts mehr von wegen düster oder eng, da ist alles weit, und die Wälder in der Ferne wirken fast holzschnittartig, klar konturiert, ich denke: Panoramablick japanisch. Auch jetzt wieder Sonne, und um sie noch eine Zeitlang zu spüren, gehe ich den gleichen Weg zurück. Ein paar Autos fahren verwegen schnell, im Wagen einer besonders schmissigen Autofahrerin baumelt am Rückspiegel ein Kreuz bedenklich hin und her und müsste eigentlich der Dame als ernst zu nehmendes Warnsignal dienen. Mag sein, dass die Hotzenwälder in früheren Zeiten eher sesshaft und wenig reiselustig waren, aber das lag wahrscheinlich einfach nur an den mangelnden Wegverbindungen. Immerhin wurde die Murgtalstraße erst Mitte des neunzehnten Jahrhunderts gebaut. Heute nehmen sie es an Tempo mit anderen Bewohnerinnen und Bewohnern ländlicher Schwarzwaldgegenden auf. Und nicht weit entfernt, im Tal der Wiese, gibt es berühmt-berüchtigte Raserstrecken. Da könnte etwas abgefärbt haben. Auch ist im Hotzenwald das Elektroauto »Hotzenblitz« entwickelt worden, und die Görwihler Narrenzunft trägt den gleichen Namen. Was den Glasmacher von Herrischwand an der Gegend fasziniert, ist, dass man sogar Rad fahren kann, denn wo im Schwarzwald ist das schon möglich. Hotzenwald ist also eine Gegend, in der ausgiebig geblitzt und geflitzt wird.

Neben der Glashütte erblicke ich eine Informationstafel zur Situation der Hotzenwälder Auswanderer aus der Mitte des neunzehnten Jahrhunderts. Im Jahr 1851 sind innerhalb eines Monats 560 Leute aus Herrischried ausgewandert nach Amerika. Gründe waren vor allem das raue Klima, der karge Boden, der durch Realteilung in kleinste Flächen zerstückelt war. Viele Menschen waren sehr arm, es gab Scharen von Bettlern. Manche waren überschuldet. Aber auch Strafgefangene waren unter den Auswanderern. Am 3. Mai 1851 wanderte die erste Gruppe aus. Der Zug brachte sie von Haltingen über Hannover zu den Rheinschiffen und von dort zu den Verladehäfen. Dann ging es mit Segelschiffen weiter nach New York. Drei Monate später äußerte sich Pfarrer Kindler zur aktuellen Lage: »Die Männer haben Arbeit und die Mädchen Männer bekommen, womit wohl die wenigsten hier beglückt worden wären.« Victor von Scheffels Einschätzung des Hotzenwälders als hundertprozentig sesshaftes Völkchen, ohne Neigung, sich in der Welt umzusehen, scheint mir etwas kurz gedacht zu sein.

Auch die Salpetererunruhen sind für mich ein Hinweis auf die gar nicht so leicht einzuordnende Mentalität der Hotzenwälder. Ob freiheitsdurstig oder halsstarrig, das lässt sich nicht immer unterscheiden, vielleicht spielt ja beides zusammen. Interessant sind sie allemal, und die Landschaft fördert, würde ich meinen, keine Engstirnigkeit, sondern weit eher Freiheitsdurst und eine Weite des Blicks.

## 2.

## *Wo die Welt sich trifft*

Niemand wird bestreiten, dass der Schwarzwald fast immer in einem Atemzug mit einer seiner Hauptattraktionen genannt wird: dem Titisee. Und so wirbt der Ort am See auch folgerichtig mit dem Slogan: *Die Welt trifft sich in Titisee.*

In der Tat, es ist längst nicht nur die deutsche Sprache in ihren vielen dialektalen Färbungen, die man hört, da sind Japaner, Koreaner, Inder, Niederländer, Franzosen, Italiener, Schweizer, ein buntes Sprachengemisch ist zu vernehmen auf der Promenade entlang des Sees. »Regardes les sacs«, sagt beispielsweise eine Französin beim Anblick der mit Schwarzwaldmotiven buntbedruckten Stofftaschen. So etwas könnte man doch den Daheimgebliebenen mitbringen oder etwa ein »Vesperbrettle« mit dem Namen des Beschenkten drauf. Alles echt Schwarzwald, wie auch die vielen Wichtelvariationen, die in jedem Souvenirladen stapelweise in Körben angeboten werden: Zapfenwichtel, Wichtel stehend, Wichtel liegend, Wichtel Apfel, Wichtel Schubkarre, Wichtel Eichel. Natürlich überall auch das Mädel mit dem Bollenhut: fürs Auto als Maskottchen, als Anhänger, auf dem Kalender fürs nächste Jahr. Und da findet sich zum Beispiel ein echtes »Black-Forest-Village«, in dem es neben den bereits genannten lustigen Dingen auch Schwarzwalduhren, Weihnachtsschmuck ganzjährlich, Speck und Bauernbrot, Schnaps und bedruckte T-Shirts gibt.

Nicht nur ist die Welt zu Gast am Titisee, auch der Ort bringt »Weltliches« an den Gast heran: die »Lederwelt« zum Beispiel oder aber vor allem die »Welt der tausend Uhren«. In Titisee kann man noch den Eindruck haben, die Schwarzwälder Kuckucksuhr sei ein Verkaufsschlager ohnegleichen. Überall kuckuckt es, die »Cuckoo-Clock« ist allgegenwärtig im Ort. Zwanzig bis dreißig Jahre sollen sie auf jeden Fall halten, ohne dass etwas repariert werden muss. Und besonders gern exportiere man in die USA, denn die Überfahrt sei sicher, die Zölle seien in Ordnung, und es gäbe an manchen Orten »Service Places«, zu denen man die Uhren bringen könne, falls doch einmal etwas nicht in Ordnung sein sollte. So jedenfalls verkündet ein Verkäufer einem amerikanischen Paar mit großer Überzeugungskraft.

Selbstverständlich ist da aber auch noch der See: einer der größten natürlichen Mittelgebirgsseen Deutschlands. Unergründlich soll er sein, und als man in früheren Zeiten einmal versucht haben soll, seine Tiefe mit Schnur und Senkblei zu messen, soll aus dem Grund herauf eine Stimme gerufen haben: »Missest du mich, so fress ich dich!« Ob die vielen Leute, die am Ufer des Titisees spazieren gehen, Bootsfahrten machen, Rundfahrten, sich auf Bänke setzen, eine Ahnung haben von der geheimnisumwitterten Tiefe des Sees, bleibt fraglich. Geworben wird damit lieber nicht. Anfang der dreißiger Jahre hieß es: *Titisee! Das Seebad des Hochschwarzwaldes, 860–1100 Meter über M. Ihre Sommerfreude!* Man nannte den See das *Auge des Schwarzwaldes*, es gab Ruder-, Segel- und Motorboote, ein öffentliches Strandbad, eine Tennisanlage und die Angler kamen auch nicht zu kurz: Hechte, Barsche und Weißfische tummelten sich im Wasser. Schwimmfeste und Seenachtsfeste und Freilichtspiele waren Höhepunkte der Saison. Der Anfang des Tourismus in Titisee ist ab der zweiten Hälfte des neunzehnten Jahrhunderts zu datieren. Zu den allerersten Touristen, die nicht nur einen Kurzaufenthalt am Titisee machten, gehören Felix Mendelssohn Bartholdy und seine Frau, die 1837 hier einige Zeit verbrachten. Als ein Freiburger dann 1866 eine Wirtschaft am See aufmachen wollte, hieß es sogar noch, dies sei eine »öde, menschenleere Gegend«, in der sich ein Gasthaus nie und nimmer lohnen würde. Der umtriebige Mann ließ nicht locker, und heute steht an dieser Stelle das Titisee-Hotel. Man kann es sich fast nicht mehr vorstellen, aber noch zu Beginn des zwanzigsten Jahrhunderts sah es am Titisee weit eher nach Landwirtschaft als nach Fremdenverkehr aus: Es gab kein Rathaus, dringende Ratsgeschäfte wurden im Nebenraum eines Gasthauses getätigt. Noch prekärer war es um die Bestattungskultur bestellt: Es fehlte an einer Leichenkammer und so war man auf die Scheune eines Bauern angewiesen, sollte eine Leiche am Ufer des Sees angeschwemmt werden oder ein Mensch im Hotel zu Tode kommen. Zudem mussten ein Gendarm her und eine Räumlichkeit, um kriminelle »Elemente« fassen und einsperren zu können. All dies änderte sich erst um 1910: Ein Leibgedinghaus wurde erworben, im unteren Stockwerk befanden sich neben einer Wohnung Ortsarrest und Leichenkammer, im oberen Stockwerk wurde das Rathaus eingerichtet. Ende der zwanziger Jahre des vorigen Jahrhunderts tat man dann auch etwas für die Straßenbeleuchtung. Die Düsternis der Nächte ist gut vorstellbar, und im Herbst, wenn dann noch der Nebel wallte überm See, konnte einen in früheren Zeiten das Gruseln überkommen.

Ein zweites Schwarzwälder Highlight ist Triberg, die Stadt mit dem größten Wasserfall Deutschlands. In Triberg »wasserfallt« es allüberall. Und so befindet sich direkt gegenüber der Uhrenfabrik Hubert Herr ein Imbiss zum Wasserfall, damit Touristen sich schon bei der Mittagsbratwurst oder bei Pizza auf den Wasserfall einstimmen können. In der Bäckerei ganz in der Nähe gibt es »Uhrenbrötchen« für den kleinen Hunger. Sodann erwarten einen bald Souvenirläden, und auch hier trifft sich die »Welt«.

Und dann lockt er doch von nahem, der Wasserfall. Noch kurz vor dem direkten Eintritt hört man allerdings wenig vom rauschenden Wasser, dafür sehr laut und deutlich den rauschenden Verkehr.

Hinter der Kasse hört man ihn endlich vernehmlich, den Bach, wie er rauscht, und riecht die Luft, die schwarzwaldliche. Pommes- und Pizza- und Wurstgerüche sind vergessen. All die Leute, die eben noch gemütlich ihren Mittagsimbiss verspeist haben, kommen nun nicht um den Verdauungsspaziergang herum, denn wer wirklich etwas sehen will vom Wasserfall, muss ganz ordentlich bergan marschieren. Und entsprechend ruhig ist es denn auch, weil die Plauderlaune denen, die schnaufen müssen, ziemlich schnell vergeht. Außerdem ist das Gelände weitläufig, es gibt mehrere Routen, die man gehen kann, und wer den »Kulturweg« wählt, kommt in den Genuss, die Wallfahrtskirche Maria in der Tanne besuchen zu können.

Die Welt zu Besuch in Triberg ist eingeladen, im Schwarzwaldmuseum auf ihre Kosten zu kommen, denn hier passiert laut Museumsslogan etwas ganz Besonderes: *Das Erlebnis. Der ganze Schwarzwald auf einen Blick.* Das klingt doch sehr nach Klischee, schnellem Genuss und Fastfoodabfertigung. Zum Glück aber ist es nicht so. Das Museum nämlich präsentiert eine Vielzahl an Perspektiven, zeigt, dass der Schwarzwald eine Landschaft ist, die die sonderbarsten, schillerndsten Gestalten, Fähigkeiten, Begabungen, Eigenheiten hervorgebracht hat. Im Mittelpunkt steht das Handwerk, vor allem die Uhrmacherei, und da ist Erstaunliches zu entdecken: nicht nur die Bauernuhren, sondern auch zum Beispiel Musikuhren, es gibt einen Film zu sehen über Uhrmacherei, eine Uhrmacherwerkstatt ist eingerichtet. Außerdem sind die großen Persönlichkeiten Tribergs kennenzulernen, und es gibt einem Raum, in dem die Geschichte der Schwarzwaldbahn vorgestellt wird. Man erfährt viel über altes Handwerk, aber auch, dass es in Triberg 1884 die erste Straßenbeleuchtung Deutschlands gab, und es gibt eine Ausstellung zum Radio- und Rundfunkwerk SABA, das in Triberg beheimatet war. Also von wegen Schwarzwald auf einen Blick! Der Kopf schwirrt nach dem Besuch ganz schön, und man hat damit zu tun, die vielen Eindrücke zu sortieren. Am besten, man wartet damit, bis man zu Hause ist, lässt sich vorher noch einmal mit der Schwarzwaldbahn durch die Gegend gondeln und hat im Ohr den Wasserfall.

Wasser zieht, ganz klar, ein Ferienort ganz ohne Fluss oder See bietet nur das halbe Vergnügen. Eine Wasseroase besonderer Art ist der Schluchsee, der mit 7,5 Kilometer Länge und 1,5 Kilometer Breite der größte Schwarzwaldsee ist. Der Name, so Thaddäus Troll, sei eigentlich zu dunkel für diesen See, denn er habe so gar nichts von schluchzen oder Schlucht. Und weiter meint Troll: *Der Schluchsee sammelt um sich herum eine Elementarlandschaft, für die sich die Beiwörter anmutig und lieblich anbieten.* Dabei ist nicht mal alles Natur an diesem See: Ursprünglich nämlich war er nur drei Kilometer lang, und entstanden ist er bei der Vergletscherung des Feldberggebietes. In den Jahren 1929 bis 1932 hat man zwecks Stromgewinnung im oberen Schwarzatal eine Talsperre errichtet und damit den Wasserspiegel um dreißig Meter angehoben. Es entstand ein Stausee mit 108 Millionen Kubikmeter Inhalt. Dennoch wirkt nichts an diesem See auch nur irgendwie künstlich. Er fügt sich vollkommen harmonisch in die Landschaft ein. Zu Recht wurde Schluchsee zum Wanderort 2005 gewählt. Die Einblicke vom Rundweg aus sind zauberhaft, immer wieder leuchtet der See durch die Bäume, es gibt Stellen, an denen man ans Ufer gehen kann, sehr viele Badeplätze, und nie hat man den Eindruck, Teil einer Massenwanderung zu sein. Es ist genügend Platz da für alle. Der See übrigens gehört zu den saubersten Badeseen in ganz Deutschland, das Motorbootfahren ist untersagt. Bisher wurde jede Privatisierung von Ufergelände abgewehrt, auch dass kein groß angelegtes Wassersportzentrum nebst Marina entstehen wird, wie ein Hotelbesitzer es geplant hatte. Im Ort Schluchsee gibt es zahlreiche Cafés, Hotels, Restaurants, man kann einkaufen, bummeln, aber alles Touristische bleibt auf einem unaufdringlichen Level. Ein Birkenwäldchen ist einfach ein Birkenwäldchen, der See ist der See, die Wiesen sind die Wiesen, unabhängig von Walkern, Bikern, Sportskanonen jeglicher Couleur. Und das ist was in unseren Tagen, das spricht für sich und muss deshalb unbedingt in die Reihe der Schwarzwälder Highlights aufgenommen werden.

Ich verstehe einmal wieder so richtig, warum mir der Herbst immer die liebste Jahreszeit war und es auch heute noch ist. Nirgendwann sonst im Jahr macht das Wandern so viel Freude, ist das Klima der intensiven Gehbewegung im Freien so zuträglich. Nachdem ich im Hochsommer am Schluchsee war, bin ich im Oktober noch einmal in diese Gegend, habe den See aber rechts liegen gelassen, um so schnell wie möglich nach St. Blasien zu kommen. Das Kuppeldach des Doms wirkt bombastisch.

Ich habe den Eindruck, ganz plötzlich, von einem Schlag auf den anderen in eine neue Welt eingetreten zu sein. Eine sehr helle, weiße Welt ist es, und ich denke, das ist der weiße Dom im schwarzen Wald, ein lichtdurchfluteter Raum mitten in einem relativ engen Tal. Einer der Seitenaltäre ist Elisabeth von Thüringen geweiht: *Man muss die Menschen froh machen*, dieses Zitat von ihr blickt mir entgegen, und ich denke, dass das wohl zu diesem Raum passt, er strahlt etwas Frohes aus. Seine Heiligkeit erdrückt nicht, macht nicht klein, im Gegenteil, man möchte ein Fest feiern hier. Gleichzeitig wirkt der Raum aber auch durch seine Strenge, klare Formen sind bestimmend. Wie soll ich es deutlicher ausdrücken? Eine klare Helle, eine weiche Strenge, eine Würde, die trotzdem Geborgenheit vermittelt. Gerade findet eine Führung statt, von der ich ein paar Brocken aufnehme, der Kirchenführer erzählt etwas vom Land Baden-Württemberg, das Besitzer des Doms ist, von dem Marmorfußboden, der auf Kosten des Landes in den achtziger Jahren des vorigen Jahrhunderts nach den Plänen von Franz-Josef Salzmann aus dem Jahr 1772 rekonstruiert wurde.

Ich gehe hinaus aus dem Dom, ein wenig benommen vom Licht, von der Helle, und wandere los, den Berg hoch, Richtung Klosterweg. Viel Wald ringsum, aber auch weite Fläche, ein toller Weitblick. Die erste kleine Rast nach etwa einer Stunde »Auf den Mauern«, genauer auf der Bank Nr. 17 der Kurverwaltung Häusern: Die Sonne steht hoch, und ich genieße die Wärme. Im Kopf ist noch immer die Helle aus dem Dom, das Weiß hält sich: eine reizvolle Erfahrung. Ich gehe weiter. Es herrscht Stille, bis ich hinter mir ein inzwischen nur allzu bekanntes Rauschen vernehme: Eine männliche Person auf einem Fahrrad braust heran, in perfekter Walddurchfahrkleidung, mit verbiestertem Gesicht, würdigt mich keines Blickes, fährt grußlos weiter. Eine kleine Weile später erscheint das weibliche Pendant zum Sportsfreund, gleiche Kleidung, gleicher Gesichtsausdruck, und in die Stille des Waldes entfährt mir eine kleine Unanständigkeit, ich murmle »Scheiß Beziehung« und hoffe, Wolf und Fuchs und die munteren Vögelchen verzeihen mir. Weiter geht es, den alten Blasiwalder Weg entlang, vorbei an einer 250 Jahre alten Weißtanne bis zur Windberghütte, wo ich auf den insgesamt etwa 180 Kilometer langen Glasträgerweg treffe. Der beginnt beim Glasbläserhof in Todtnau-Aftersteg, führt auf den Feldberg, dann nach Äule am Rand des Schluchsees und nach Altglashütten und Lenzkirch. Weitere Stationen sind Bonndorf, Grafenhausen-Rothaus, Blasiwald, Todtmoos und Herrischried. Ich entschließe mich, den Weg durch die Windbergschlucht zu nehmen, und finde mich in einem klassischen Bannwald wieder, in dem es über hundert Jahre keine forstlichen Eingriffe mehr gab, sodass sich die Schluchtenwaldgesellschaft nach ihren eigenen Gesetzen ausleben kann. Die Wolfsschluchtszene aus Carl Maria von Webers Oper *Der Freischütz*, hier wäre sie vorstellbar. Im

Herbst, wenn die Wege nicht mehr austrocknen können, ist es gefährlich glitschig, die Steine voller nasser Blätter. Was wäre, wenn die Dunkelheit hereinbräche, kein Weg mehr sichtbar, nur herumliegende Stämme, sehr wild das Ganze, sehr eng, sehr dunkel. Aus dem Kopf ist das Helle des Doms verschwunden.

Zu Hause angekommen, kehre ich noch einmal zu ihm zurück, lese nach, was der Aufklärer Friedrich Nicolai zum Dom von St. Blasien geschrieben hat, und kann dem nichts mehr hinzufügen: *Hier ist reiche Architektur ohne Verkröpfung, ohne Schnörkel, ohne alle Vergoldung und andere überhäufte oder komplizierte Zirate.*

Zu den Hightlights des Schwarzwaldes, egal ob Süd- oder Nordschwarzwald, gehören neben den Seen auf jeden Fall die Berge.

In der Freiburger Zeitung *Der Sonntag* ist am 14. September 2008 ein Artikel über den Freiburger Hausberg, den Schauinsland, zu lesen, der die Überschrift trägt: *Der Berg rast.* Noch sprechender wirkt der Untertitel: *Der Schauinsland ist vielleicht das Abgefahrenste, was der Schwarzwald zu bieten hat.* Klar doch, wenn man bedenkt, wie viele Radrennfahrer wöchentlich, in der warmen Jahreszeit sogar täglich, den Weg steil bergan und ebenso steil wieder bergab auf sich nehmen. Fährt man die Strecke mit dem Auto, so kann das magenempfindliche Leute schon mal in Bedrängnis bringen. Man spricht immer noch von der Rennstrecke, obwohl keine Rennen mehr stattfinden und Motorräder sonntags überhaupt nicht mehr über den Schauinsland fahren dürfen. Das war einmal ganz anders. Von 1925 bis 1984 fanden auf der Schauinslandstrecke Auto- und Motorradrennen statt. Manche Zuschauer bauten Zelte auf, manche sicherten sich frühzeitig einen Platz an ihrer Lieblingskurve. Auf der Holzschlägermatte baute man eine Zuschauertribüne, die Rennen wurden zu einer Art Volksfest, an eine Umweltbelastung durch Abgase und Lärm dachte niemand, das Tempo allein zählte. Es war im Jahr 1963, als die Hundert-Stundenkilometer-Marke geknackt wurde, von dem Stuttgarter Edgar Barth auf einem Porsche. 1984 war man dann bei 230 Stundenkilometern angelangt. Zur gleichen Zeit begann die Diskussion über Ursachen des Waldsterbens, und so fanden die Rennen wegen des Umweltschutzes ein Ende. Aber immer neue Möglichkeiten der schnellen Berg- und Talfortbewegungskultur werden ersonnen. Es kann sein, dass einem heutzutage auf der alten Rennstrecke Dirtsurfer oder Inline-Boarder begegnen: ein Rad vorn, eines hinten, dazwischen hängt eine Art Snowboard, auf dem der Fahrer freihändig steht, tief geduckt wegen der Geschwindigkeit. Sogar auf den Waldwegen kann man sich dem Geschwindigkeitsrausch ungehemmt hingeben: Man kann sich Downhill-Roller ausleihen, allerdings ist diese Sache nicht ganz ungefährlich, es gab schon Leute, die sich krankenhausreif gerast haben. Auch im Winter gibt es genügend Möglichkeiten, der Langsamkeitsdepression zu entgehen, auf den Geschwindigkeitsentzug zu verzichten und sein gewohntes Tempo beizubehalten. Die neun Kilometer lange Kaltwasserabfahrt gehört zu den größten Vergnügen des geübten Schwarzwaldskifahrers, und den Rodlern hat man sogar einen Lift eingerichtet.

Der höchste der Schwarzwaldberge aber ist der Feldberg, und der besticht vor allem durch Landschaft pur. Wenn nicht gerade die Nebel wallen, was in jedem Monat vorkommen kann, überfallen einen alpine Gefühle. Das Wandern im Feldberggebiet vermittelt das Gefühl, sich stundenlang ganz dicht unter dem Himmel zu bewegen.

Die Geschichte des Feldberger Tourismus ist eng verknüpft mit der Geschichte des Hotels Feldberger Hof. Als dessen »Mutter«, ja sogar als »Feldbergmutter«, gilt Fanny Mayer, die 1881 aus Basel auf den Feldberg kam, um ihrem Bruder beizustehen, dessen Frau bei der Geburt des ersten Kindes gestorben war. Fanny Mayer blieb, obwohl es hier oben sieben Monate lang Winter ist, was ihr zunächst nicht unbedingt behagte. Sie machte den Feldberg zu einer Art »Nabel der Welt«, Kurgäste kamen von überall her. Gestorben ist Fanny Mayer 1934 im Alter von

83 Jahren. Dann übernahm Oskar Mayer den Feldberger Hof. Gemeinsam mit dem Hotelier Albert Schladerer brachte er endgültig die Welt in den höchsten Hochschwarzwald: 1929 legte Oskar Mayer Tennisplätze an, baute ein Familienbad, 1936 ging es an den Hotelneubau, und in manchen der Fremdenzimmer gab es sogar ein Himmelbett. Der Feldberger Hof hatte eine eigene Skiwerkstätte, einen Skiverleih, eine Metzgerei, eine Bäckerei, eine Arztpraxis und sogar ein Postamt. Oskar Mayer war auch selbst Skifahrer und beteiligte sich an Wettkämpfen, unter anderem in der Schweiz. Das erste Kindermädchen Oskar Mayers, das »Rösli« aus Bernau, soll die erste Skiläuferin des Schwarzwalds gewesen sein. Eine große Zeit des Skisportunterrichts waren die Jahre zwischen 1920 und 1930. Severin Messerschmidt aus Zell im Wiesental und der Vater Georg Thomas, Albert Thoma, gaben am Feldberger Hof Skiunterricht. Viele Skifilme hatten als Drehort den Feldberger Hof und machten die Gegend und das Haus noch berühmter, aber jetzt natürlich auch klischeebehafteter. Trotzdem ist der Feldberg sich selbst treu geblieben: ein Berg, der sich nicht einfach erschließt und im Winter bei hohem Schnee noch immer nicht ungefährlich ist. Man ahnt dann, wie es Fanny Mayer erging, wie sie sich gefühlt haben muss, als sie zum ersten Mal hier oben ankam, aber auch, warum sie nicht mehr wegging. Sie machte sich das Leben leichter, indem

sie die Welt zu Gast sein ließ. Auch die Welt kommt immer wieder.

Wer Menschen aus dem südlichen Schwarzwald danach fragt, wie ihnen der Nordschwarzwald gefällt, wird häufig zu hören bekommen, sie kennten diese Gegend des Schwarzwaldes nur sehr flüchtig. Ich gestehe, mir ging es nicht anders. Mit Erstaunen stellte ich fest, wie weit sich meine Heimat nach Norden hin erstreckt, dass ja Feldberg, Belchen und Kandel nicht die einzigen Schwarzwaldberge sind und Schluchsee und Titisee nicht die einzigen Schwarzwaldseen. Und dass Bertolt Brechts bekanntes Gedicht *Die schwarzen Wälder* die Gegend um die Hornisgrinde beschwört:

*Die schwarzen Wälder aufwärts*
*In das nackte böse Gestein*
*Es wachsen schwarze Wälder bis*
*In den kahlen Himmel hinein.*

*Es schreien die Wälder vor Kummer*
*Vom Frost und Oststurm zerstört –*
*Wir aber haben dort unten*
*Die flüsternden Worte gehört.*

*Die Bäche, die von dort kommen*
*Sind kalt, dass sie keiner erträgt*
*Wir aber haben uns unten*
*In kältere Betten gelegt.*

*Sie sagen, man sieht dort nur Finstres*
*Weil Tannen vorm Lichte stehn:*
*Wir aber haben dort unten*
*Das Schauspiel der Welt gesehen.*

*Sie sagten auch: Über den Wäldern*
*Drunten im Stein kommt nichts.*
*Da sind wir die Leute, hinüber –*
*Zugehen ins Gestein gelaßnen Gesichts.*

Immer wieder soll Brecht betont haben, er sei, obwohl in Augsburg geboren, kein Bayer, denn seine Vorfahren kämen aus dem Schwarzwald, genauer gesagt aus Achern am Fuße der Hornisgrinde. In Sasbachwalden war ein Vorfahr Brechts Dorfschullehrer, und seiner Großmutter väterlicherseits aus Achern hat er in *Die unwürdige Greisin* ein Denkmal gesetzt.

Ob ich diesen von Brecht beschworenen schwarzen Wald entlang der Schwarzwaldhochstraße sehen würde, darauf war ich besonders gespannt, denn als Südschwarzwälderin hatte ich meine Heimat weit eher in den verschiedensten Grüntönen erlebt, in etwa so, wie es Taddäus Troll beschreibt: Der Schwarzwald *musiziert die schönsten Variationen zum Thema grün, die wir weit und breit finden. Lindes Grün, mit dem sich zärtliche Lärchen im Frühling beflaggen. Die vitriolfarbene Patina von Flechten, die an alter Baumhaut schmarotzen. Smaragdgrüne Grasperücken, die über Sandsteine gestülpt sind. Farbtöne von Oliv bis Türkis auf Wiesenhängen. Das kräftige Blattgrün der Buchen im Sommerkleid. Flaschengrün der Tannen, Kiefern und Douglasien ...* Wenn man das liest, kommt eine heitere Stimmung auf, ganz im Unterschied zu dem, was das Brecht'sche Gedicht hervorruft. Aber wie wird es sein im Nordschwarzwald, am Mummelsee, beim Ruhestein, auf dem Schliffkopf, auf der Hornisgrinde, unterschiedliche Grüntöne, Lichtes oder ein allgegenwärtiges Schwarz? Vor allem der Mummelsee: Einheimische geben einem den Tipp, lieber im Herbst oder Winter bei schlechtem Wetter zu kommen, denn sonst sei es eher ein »Rummelsee«. Er zählt zu den meistbesuchten Seen des Schwarzwaldes. Geworben wird denn auch mit den »Erlebniswelten« am Mummelsee, das kommt mir sehr bekannt vor, mit Erlebnis habe ich es bei meiner Schwarzwalderkundung dauernd zu tun, und welten tut es auch gewaltig und auf unterschiedliche Weise.

Zunächst das Wort: Mummelsee, Mummel. Die Teichrose wird so genannt, und weiße Seerosen soll es auf dem

See gegeben haben. Auch die mögliche Verwandtschaft mit »murmeln« wurde erwogen. Eine dritte Möglichkeit der Deutung gibt August Schnetzler in seinem 1846 herausgebrachten *Badischen Sagenbuch: Der Name Mummelsee mag eher von dem altdeutschen Worte »Mummel« (Hexe, Popanz) oder von dem damit verwandten »Mummeln« (Mumm machen, brummen hinter einer Vermummung, englisch to mumble) als von »Murmeln« herzuleiten sein.* Vielleicht sind ja alle drei Bedeutungen richtig, plausibel klingen sie jedenfalls. Auf die Unheimlichkeit des Sees wird in der Literatur immer angespielt, selbst heute noch wirbt die Tourismusbranche mit dem »Sagenumwobenen« von See und Landschaft darum herum. Besonders reizvoll erscheint mir die Geschichte von den drei Schwestern, die des Abends in den Ort Seebach kamen, sich zu den Einheimischen in die Spinnstuben setzten, ihre Spinnrädchen auspackten und sich munter am Geplauder beteiligten. Immer um 23 Uhr verschwanden die drei. Die Abende fanden nicht an einem bestimmten Ort statt, sondern in den Stuben wechselnder Bauernhöfe. Eines Abends traf man sich beim reichen Bauern Erlfried. Der Sohn wollte sich länger als bis zur bestimmten Zeit am Anblick der drei schönen Jungfrauen ergötzen und stellte die Uhr um eine Stunde zurück. Die drei traten also ihren Rückweg verspätet an. Am nächsten Morgen sah man drei Blutflecke auf dem Mummelsee und hörte ein Gewimmer vom

Grund des Sees. Der Bauernsohn aber wurde schon in der darauffolgenden Nacht schwer krank und starb drei Tage später. In einer anderen Variante sieht man nach der frevelhaften Tat des Bauernburschen drei weiße Schwäne auf dem See, der Frevler aber stirbt auch.

In die »Erlebniswelt Mummelsee« stimmt auch das Gedicht *Die Geister am Mummelsee* von Eduard Mörike ein.

*Vom Berg, was kommt dort um Mitternacht spät*
*Mit Fackeln so prächtig herunter?*
*Ob das wohl zum Tanze, zum Feste noch geht?*
*Mir klingen die Lieder so munter.*
*O nein!*
*So sage, was mag es wohl sein?*

*Das, was du da siehst, ist Totengeleit,*
*Und was du hörest, sind Klagen,*
*Dem König, dem Zauberer, gilt es zu Leid,*
*Und Geister nur sind's, die ihn tragen.*
*Ach wohl!*
*Sie singen so traurig und hohl!*

*Sie schweben hernieder ins Mummelseetal,*
*Sie haben den See schon betreten,*
*Sie rühren und netzen den Fuß nicht einmal,*
*Sie schwirren in leisen Gebeten:*

*O schau,*
*Am Sarge die glänzende Frau!*

*Jetzt öffnet der See das grün spiegelnde Tor;*
*Gib Achtung, nun tauchen sie nieder!*
*Es schwebt eine lebende Treppe hervor,*
*Und – drunten schon summen die Lieder*
*Hörst du?*
*Sie singen ihn drunten zur Ruh!*

*Die Wasser, wie lieblich sie brennen und glüh'n!*
*Sie spielen in grünlichem Feuer,*
*Es geistern die Nebel am Ufer dahin,*
*Zum Meere verzieht sich der Weiher.*
*Nur still!*
*Ob dort sich nichts rühren will?*

*Es zuckt in der Mitten – o Himmel! Ach hilf!*
*Ich glaube, sie nahen, sie kommen!*
*Es orgelt im Rohr und es klirret im Schilf;*
*Nur hurtig die Flucht nur genommen!*
*Davon!*
*Sie wittern, sie haschen mich schon!*

Gedruckt wurde das Gedicht erstmals in der *Damenzeitung. Ein Morgenblatt für das schöne Geschlecht* im Jahre 1829. Wiederabgedruckt wurde der lyrische Dialog dann 1832 im Roman *Maler Nolten.* Nicht entgehen lassen sollte man sich die Vertonung durch Hugo Wolf, die so etwas wie eine sehr intensive Vorab-Mummelsee-Stimmung, ein mal wildes, mal tänzerisches, mal bedrohliches Geister-Bilder-Treiben erst so richtig in Bewegung setzt.

Ich aber, an einem 3. Oktober, Tag der Einheit, es ist kalt, immer fast am regnen, fahre bergan. Es wird enger und überall würde es sich wieder lohnen auszusteigen: in Geroldsau mit seinem Wasserfall, den unter anderem Johannes Brahms und Gustave Courbet aufgesucht haben sollen, dann könnte man, noch bevor der erste Gipfel erreicht ist, schon wieder abbiegen, um sich in Bühlertal umzuschauen. Die dortige Geiserschmiede lädt ein, in einer authentisch eingerichteten Werkstatt aus dem neunzehnten Jahrhundert einen Einblick in das Schmiedehandwerk zu bekommen. Außerdem ist Bühlertal bekannt für seine Weißweine: Rivaner, Weißburgunder, Chardonnay, und just an diesem 3. Oktober 2008 findet ein »kulinarischer Weinwandertag« statt. Aber nix da, abgebogen wird heute nicht: Es geht steil bergauf bis zum Parkplatz beim Höhenhotel Plättig, in dem Konrad Adenauer in den fünfziger Jahren sein Feriendomizil hatte.

In den Füßen juckt es bereits, die Wanderschuhe werden schnellstens angezogen, und ich erreiche in kurzer Zeit mein eigentliches Ziel: den »Wildnispfad Baden-Baden«. Diesen Pfad gäbe es nicht, hätte nicht »Lothar« gewütet. Er verwandelte einen etwa 150 Jahre alten Bergmischwald aus Tannen, Buchen und Fichten in wenigen Minuten in eine bizarre Wildnislandschaft aus aufgerichteten Wurzeln, zersplitterten Stämmen, umgestürzten Bäumen, und das alles vermischt mit der bereits nachfolgenden Waldgeneration, jungen Bäumen, die sich ihren Weg nach oben suchen. Eine Tafel informiert die Wanderer vorab: *Vorsicht Wildnis!* Körperliche Fitness sei unbedingt erforderlich, lese ich und denke, okay, wollen mal schauen. Die ganze Aufmerksamkeit, sinnlicher und geistiger Art, ist gefragt, wenn es darum geht, ob ich einen riesigen Baumstamm überklettere oder vielleicht doch besser untendurch schlüpfe. An diesem kalten und nassen Tag kommt noch die Gefahr des Ausrutschens hinzu, außerdem gibt es sowieso reichlich Feuchte, Matsch, kleine Bäche, die den Pfad überschwemmen. Gebraucht werden in einem hohen Maß auch die Hände, die sich festhalten an Ästen, Wurzeln, die aber auch ihre Freude finden am Streicheln der zarten Nadeln junger Tannen, die einfach so weiterwachsen, als wäre nichts gewesen. Man kennt das aus der menschlichen Gemeinschaft: Kinder freuen sich ihres Lebens, suchen sich ihren Weg, egal, wie es den Alten um sie herum geht. Aber solche Gedanken kommen mir erst später, nachdem ich aus dem Wald draußen bin, denn nachdem der Regen in Graupel übergegangen ist und immer heftiger wird, lege ich an Tempo zu, passe noch mehr auf, dass ich nicht hinfalle. Die ungemütliche Witterung schmälert jedoch um nichts den starken Eindruck, der Zivilisation für zwei Stunden entronnen zu sein. Dann aber wartet das Auto, und die Fahrt entlang der Schwarzwaldhochstraße geht nach einer kleinen Kaffeepause im Hotel Plättig weiter. Ein paar Minuten hat sich die Sonne blicken lassen, aber nun ist es wieder düster, trüb, neblig. Richtig für den Mummelsee also, und ich erwarte Stille, Einsamkeit und dass mir ein Schauer den Rücken hinunterfährt beim Anblick des Sees. Sofort sind auch die poetischen Bilder wieder da, die aber ganz schnell hinweggefegt werden. Der See: verstellt durch Souvenirläden und Imbissbuden. Auch hier gibt es die Möglichkeit, Schinken, Brot, Marmelade, Schnaps und natürlich »Original Black-Forest Cuckoo-Clocks« zu kaufen. Aber da, fast nicht sichtbar, ein Schild: *Zum Mummelsee*. Ich höre in mich, ich schaue in mich, er hieße in der Tat besser Rummelsee, denn es ist unvorstellbar, wie es wohl im Sommer hier zugehen mag, bei Sonnenschein und Wärme. Beim Spaziergang um das Gewässer herum dann der Versuch, den Blick einzuengen, nur nach vorn, auf das Gekräusel der Wellen zu achten. Er ist dunkel, das stimmt, man kann sich vorstellen, dass sich Geschichten ausbilden von Geistern, von Nixen, von Tod und Verderbnis, vom Zug in die Tiefe, von Stimmen vom Grund. Aber was würde geschehen, wenn ich ganz allein hier wäre, kein Laut sich regte? Doch da fängt ein Bootsbesitzer an, eines der Tretboote mit dem Staubsauger zu reinigen, das war's dann wohl, Mummelsee-Gruselromantik ade.

Weiter auf der Schwarzwaldhochstraße: wunderbare Ausblicke und dennoch für die Südschwarzwälderin ein wenig Fremdeln, emotional gesehen. Ihr erscheint die Landschaft schroffer, unzugänglicher, rauer, abweisender, dunkler, gemäß dem Gedicht von Brecht. In Seebach dann, in einer Hütte mit Bewirtung, die Bestätigung durch Einheimische: Ja, es sei alles wilder, zerklüfteter als im Südschwarzwald, den die Wirtin den »anderen Schwarzwald« nennt, der sanfter und lieblicher sei. Und dann erzählen sie und ihr Mann über das Leben in dieser Gegend, dass auf der Hornisgrinde nun ein Mast der Firma Telekom gebaut worden sei, zum SWR-Masten dazu. Ein weiteres Ärgernis seien die vielen Motorräder, die die Schwarzwaldhochstraße als Rennstrecke benutzten. Etwas sei grundsätzlich nicht mehr in Ordung: Mensch und Natur passen »nit mer zemme«, so die Wirtin.

Auf meine Frage, ob sie wüsste, welchen Wein man hier in Seebach am besten trinke: »Klar doch, Roten aus

Kappelrodeck, entweder Waldulmer Pfarrberg oder Hex vom Dasenstein.«

Am nächsten Tag wird der Nebel noch dichter, und beim Schliffkopf liegt Schnee auf der Straße. Die unterschiedlich hoch aufragenden, zum Teil zersplitterten Baumstämme des Lotharpfades erkennt man trotzdem, ja, die bizarre Unheimlichkeit des Ortes ist bei dieser Witterung besonders eindrücklich, und es ergeben sich assoziative Verbindungen zu zwischen zerbombten Häusern einsam aufragenden Schornsteinen. Schritttempo ist angesagt, kein Ausblick nirgends. Ab Kniebis dann geht es abwärts, und wieder fallen die sehr hohen Tannen, das Dunkle und Dichte des Waldes auf. Auf den letzten Kilometern bis Freudenstadt: Es ist der »andere Schwarzwald« für mich, die Hochschwarzwälderin, wie für die Nordschwarzwälder der Südschwarzwald der »andere Schwarzwald« ist. Dabei handelt es sich nicht um großartige Unterschiede, es sind Nuancen, die allerdings eine ziemliche Wirkung haben, auf die Stimmung oder aufs Gemüt, um im Schwarzwaldjargon zu bleiben.

# 3.

# *Wo die Zukunft längst zu Hause ist*

Der Schwarzwald soll in der Krise sein. Allerorten wird der alte Mythos beschworen, Besinnung auf das Urwüchsige gefordert, gleichzeitig habe man neuere Tendenzen, Trends, Entwicklungen verschlafen und müsse endlich aufwachen. Und so plant man in Titisee-Neustadt, direkt am See, ein Thermalbad ganz aus Glas, das die Form eines Schwarzwaldhauses haben soll, aber mit Palmen drin: Mallorcawald, Schwarzcanaria, Überallerlebnis pur! Selbst der sogenannte Qualitätsjournalismus springt auf diesen Wagen auf, tönt ins gleiche Schwarzwaldlangeweilehorn. Entweder Mythos, Kitsch, Folklore oder eben die krachende Postpostmoderne. Als gäbe es diesen hoffnungslos zurückgebliebenen Schwarzwald wirklich. Als ginge es darum, ihn extra für den heutigen Tourismus neu zu erschaffen, ihm aber gleichzeitig seinen »Ewigkeitscharakter« nicht zu nehmen. Die Zukunft ist immer schon da, sie blinzelt in die Gegenwart herein, oft gerade dann, wenn wir es gar nicht wollen. Die Zukunft ist eine Art Hochzeitskleid der Gegenwart, mit allen Unwägbarkeiten, die jede Hochzeit mit sich bringt. Unter dem Saum des Gewands lugt selbstverständlich ein Stück Vergangenheit hervor, manchmal scheuer, manchmal richtig dreist.

All das verliert den Charakter des Theoretischen und kann an der Realität überprüft werden, sobald man aus dem Wald herauskommt, auch Wiesen, Bäche, Felder hinter sich lässt und in eine Stadt oder ein Städtchen reist. Denn der Schwarzwald, das ist ja natürlich nicht nur Wald. Dazu gehören kleine und größere Städte und Dörfer, und hier bekommt man nicht genug zu sehen, zu hören, zu staunen und vergisst sehr schnell alles, was man je gehört oder gelesen hat über die vermeintliche Rückständigkeit des Schwarzwaldes.

Ich steige in Pforzheim in die sogenannte Kulturbahn nach Nagold, die beim Verlassen des Bahnhofs ein Schild passiert mit der Aufschrift *Pforzheim – eine Stadt im Sparzustand*. Aus den Fenstern der Vorstadt hängen Fahnen in diesem Juni 2008: deutsche, französische, türkische, italienische, portugiesische. Es herrscht Fußballeuropameisterschaftsausnahmezustand. Sagen alle. Und überall kann man lesen: Sommermärchen Teil II. Auch im Schwarzwald. Aber handelt es sich wirklich um einen Ausnahmezustand? Diese Idee wird einem schnell ausgetrieben, wenn man zum Beispiel in Calw aussteigt, wo die »Kulturbahn« auch hält, und wo einem gleich auffällt, dass Hermann Hesse, der berühmteste Sohn der Stadt, überall präsent ist. Am besten man hat ein Buch von ihm in der Tasche, mietet sich ein im Hotel Alte Post, das ehemalige Haus Giebenrath aus Hesses *Unterm Rad*. Dort antwortet mir die thailändische Bedienung auf die Frage, ob sie Heimweh habe, hier, im Schwarzwald, so weit weg von der Heimat, nein, hier sei es doch wie in Thailand, Berge, Täler, Bäche. Und gegenüber der Alten Post, in einem ebenfalls alten Haus mit wunderbarem Wirtshausschild, das ein Waldhorn darstellt, ist ein griechisches Lokal untergebracht, an der Mauer hingegen noch eine Aufschrift: *Café Bar Demian*. Vergangenheit, Gegenwart, Zukunft, die große Dreieinigkeit, hier ist sie wieder, und selbst Hesse höchstpersönlich hat davon gesprochen, dass man Heimat nur aus der Erinnerung heraus wirklich schätzen könne. Aus der direkten unmittelbaren Konfrontation mit heimatlicher Erde können nämlich auch gewaltige Fremdheitsgefühle emporsteigen, so geschehen bei Hermann Hesse in seiner Schulzeit, deren Bitternis und Traumatisches erzeugende Grausamkeit er 1903 im jugendlichen Alter in seiner Erzählung *Unterm Rad* niedergeschrieben hat. Dort äußert er ziemlich Unheimatliches: *Das kleine Schwarzwaldnest zeitigte sonst keine solchen Figuren, es war von dort nie ein Mensch ausgegangen, der einen Blick und eine Wirkung über das Engste hinaus gehabt hätte.* Später dann wird das *Nest* zum *Städtchen* und das einstmals unheimlich Enge zur Heimweh erzeugenden Schönheit. Im hervorragend sortierten Hesse-Museum schließlich leuchtet der Besucherin ein Hesse-Porträt von Andy Warhol entgegen, auf dem der Dichter mit nach oben gerecktem Gesicht und einer riesigen gelben Tabakwolke dargestellt ist. Als wollte er alles zum Himmel blasen, was ihn quält und bedrückt. In die Welt hinaus, um dann sehnsüchtig zurückzublicken.

Worin Hesse sich schwer geirrt hat, das betrifft die Vielzahl geistig höchst aktiver Menschen, die in Calw zu Hause waren. Und woran er mit Sicherheit keinen Gedanken verwendete, ist, dass unter diesen besonderen Leuten sehr viele Frauen zu finden sind. Es ist einer Gruppe von heute in Calw lebenden Frauen zu verdanken, dass diese verdeckte Geschichte ihrer Heimatstadt nun aufgearbeitet wird. *Frauenwege durch Calw* heißt das Büchlein, das die Projektgruppe Frauengeschichte in Calw erstellt hat. So wurde beispielsweise 1772 eine Dichterin aus Calw, Magdalena Sibylla Rieger, als einzige Frau in das *Württembergische-Gelehrtenlexikon* von Johann Jakob Moser aufgenommen. Sehr eigenwillige und wahrlich »aufgeklärte« Ideen hatte diese Dame:

*Es gibt nicht minder auch bei Weibern viel Geschäften,*
*Die man nicht eben gleich kann an den Nagel heften,*
*Von größrer Wichtigkeit als der gelehrtste Mann,*
*Ja ich behaupt es frei, jemalen leisten kann.*

Erst mit vierzig Jahren, aber umso begeisterter, kam im Jahr 1882 die Kinder- und Jugendbuchautorin Agnes Sapper nach Calw. Mit drei Kindern zog sie bei minus sechzehn Grad ein im ersten Stockwerk des Gasthofs Zur Kanne, wo sie unter anderem *Gretchen Reinwalds erstes Schuljahr* verfasste. Calw ist längst nicht nur die Fachwerkstadt, die Gerberstadt, die Hesse-Stadt, die Schwarzwaldstadt an der Nagold inmitten grüner Wälder, sondern auch Stadt der Begegnungen mit Steppenwölfinnen in den Kostümen ihres Jahrhunderts, ihres Standes, Berufs und von facettenreichem Charakter.

Wer in Calw ist, sollte auf einen Abstecher ins nahe gelegene Kloster Hirsau nicht verzichten:

*Vor über tausend Jahren lebte in Calw eine steinreiche Gräfin, die hieß Helizena. Da sie keine Kinder hatte, wusste sie nicht, was sie mit ihrem vielen Geld und Gold anfangen sollte. Täglich betete sie und bat Gott, ihr zu zeigen, wie sie ihr Geld anlegen könnte. Eines Tages sagte ihr im Traum eine Stimme: »Baue von deinem Geld eine Kirche dort, wo auf einer Lichtung drei*

*Tannen stehen.« Nachdem sie aufgewacht war, zog sie ihr schönstes Kleid an und wanderte mit zwei Dienern das Tal hinab und dann auf einen Berg. Von dort sah sie weit über das Land und erblickte tief unten im Tal die Lichtung, die ihr im Traum beschrieben worden war. Gleich eilte sie mit ihren Dienern ins Tal hinab und fand auf einer frischen Wiese drei schöne Tannenbäume. Sie weinte vor Freude und hing sogar ihr teuerstes Kleid an einen der Bäume, um jedem, der vorbeikam, zu zeigen, dass sie hier den Platz gefunden hatte, an dem sie von ihrem Geld eine Kirche bauen wollte. Dann ging sie zurück in ihr Haus und rief all ihre Verwandten zu sich.*

Wie viele Kirchen, Klöster, Schlösser sind nicht auf diese wunderbare Weise entstanden, oder besser, sollen entstanden sein, denn im Fall der hier erzählten Legende handelt es sich um eine Begebenheit, die nirgendwo verbürgt ist. Wenn man sich in und um Hirsau bewegt, hat man den Eindruck, die Landschaft selbst hätte diesen Traum haben können, denn ein geeigneterer Ort für ein Kloster lässt sich kaum denken. Restauriert und zu besichtigen ist die 1059 erbaute Klosterkirche St. Aurelius II. Bis vor kurzem gab es nur Kerzenlicht, nun hat man sich entschieden, eine allerdings sehr dezent gehaltene elektrische Beleuchtung zu installieren. 1555 war im Zuge der württembergischen Reformation das Kloster aufgehoben worden. Außerdem hat man zur gleichen Zeit viele Teile wegen Baufälligkeit abgerissen. Das Gebäude wurde lange Zeit zweckentfremdet verwendet, eine Zeitlang war sogar eine Autowerkstatt darin beheimatet. Trotzdem hat man noch immer den Eindruck, an einem besonderen Ort zu sein. Im Jahr 1069, als der Bau des Klosters kaum vollendet war, übernahm Abt Wilhelm, ein Benediktinermönch aus Regensburg, die Leitung. Er machte Kloster Hirsau zu einem Zentrum der kluniazensischen Reformbewegung. Im Ostflügel des von den württembergischen Herzögen anstelle des Abthauses 1586 bis 1592 erbauten Schlosses hat sich eine Ulme ihren Platz erobert. Ludwig Uhland hat sie besungen. In der vierten Strophe seines Gedichtes *Die Ulme zu Hirsau* heißt es:

*Es ragen die vier Wände*
*Als ob sie nur bestimmt,*
*Den kühnen Wuchs zu schirmen,*
*Der zu den Wolken klimmt.*

Wo einst die adligen Herrschaften sich so etwas wie ihren Himmel auf Erden eingerichtet hatten, wächst nun die Ulme ihrem Himmel zu. Und irgendwie hat auch die Helizena-Legende sich dieses Ortes wieder bemächtigt und schreibt an seiner Geschichte weiter.

Für die nächste Stadt suche ich mir schlechtes Wetter aus. Jetzt, bei Nässe und Kälte, könnte es sich wirklich zeigen, ob sie ihrem Namen gerecht wird: Freudenstadt. Gleich nach der Ankunft fühle ich mich, aus der Tiefgarage beim Marktplatz herauskommend, in einer Art festlicher Gestimmtheit. Mir ist, als ginge ich nicht weit unter dem Himmel, der Wunsch, zu schreiten, regt sich, und das mag unter anderem damit zusammenhängen, dass dieser Marktplatz der größte Deutschlands ist, ich fühle mich zwischen den Einkaufsbuden nicht beengt. Mir geht es nicht wie Theodor Heuss, der die »ungeheure Ausdehnung« des Marktplatzes »monströs« fand. Nach der Fahrt auf der Schwarzwaldhochstraße, dem Erlebnis einer eher unzugänglichen Landschaft, atme ich durch, fühle mich aufgenommen, genieße den weiten Raum. Im Café viele Menschen, ein Kommen und Gehen, alles wirkt ungezwungen. Dabei muss bedacht werden, dass es sich bei Freudenstadt um eine Planstadt handelt, die Heinrich Schickhardt, von Herzog Friedrich I. beauftragt, 1598 am Reißbrett entwarf. Das Gefühl des Festlichen wird noch verstärkt, als ich die evangelische Stadtkirche besuche: ein Winkelhagenbau, sehr großzügig, sehr weit und offen, ebenfalls ein Entwurf von Heinrich Schickhardt. Harmonisch in den Altarbereich integriert hat man ein romanisches Lesepult. Beeindruckend ist vor allem, dass ja all diese Herrlichkeiten im April 1945 fast gänzlich zerstört wurden und es nur einem äußerst sorgfältig durchdachten Wiederaufbau zu verdanken ist, dass Freudenstadt so viel von der ursprünglichen Ausstrahlung wiedererlangen konnte. Und genau das ist zu erleben, wenn man hier unter den Arkaden oder über den Marktplatz flaniert.

Das romanische Lesepult stammt möglicherweise aus dem Kloster Alpirsbach. Abseits habe Alpirsbach schon immer gelegen, meint die Kirchenführerin, es sei im Krieg verschont geblieben, und auch heute sei so manches abseitiger als anderswo, was sie dann aber leider nicht weiter ausführt. 1869 wurde Alpirsbach immerhin durch König Karl zur Stadt erhoben.

Seine große Berühmtheit aber hat Alpirsbach dem Benediktinerkloster zu verdanken, dessen Gründung von St. Blasien ausging. Und wie in Hirsau war auch in Alpirsbach die Gründung getragen von den kluniazensischen Reformideen. An diesem Nachmittag, an dem ich dort weile, führt der Orgelbauer Claudius Winterhalter den Besuchern sein Meisterwerk, die erste mobile Orgel Deutschlands, vor. In Zusammenarbeit mit dem Holzbildhauer Armin Göhringer entsteht eine Orgelskulptur, die auf Luftkissen durch den Raum zu bewegen ist.

In allen Städten Deutschlands gibt es sie, diese jungen Leute, ganz in Schwarz gekleidet, genietet und genagelt, mit langen Mänteln. Besonders auffällig sind sie, wenn die Sonne scheint, wie eines schönen Sommernachmittags in Villingen: Plötzlich kommen sie aus einer Seitenstraße, die dunklen Gestalten, und sie sind nicht von gestern, sondern absolut von heute. Das Gemisch zwischen Vergangenheit und Gegenwart ist allüberall: In vielen der historischen Gebäude sind Ladenketten untergebracht. Und neben dem Münster, ebenfalls in einem historischen Gebäude, ist ein *von der Industrie- und Handelskammer Schwarzwald-Baar-Heuberg-Kreis öffentlich bestellter und vereidigter Sachverständiger für Orientteppiche*. Nicht weit davon, in der Kronengasse 12, wo in früherer Zeit ein Gasthaus gewesen sein muss, denn das prächtige Wirtshausschild ist noch da, ist nun die Arbeiterwohlfahrt untergebracht, ganz zu schweigen von den alten Brauereien: In der ehemaligen Gambrinus-Brauerei ist ein griechisches Lokal, im Brauhaus selbst ein Bestattungsunternehmen, in der ursprünglichen Zunftstube der Schuster eine Texas-Stube mit echter Texas-Einrichtung und echter Texas-Musik. Das zeigt, dass man auch nicht in einer Stadt im Schwarzwald mir großem Altstadtkern und einer starken Tradition der Gegenwart entkommt. Dabei ist gerade Villingen wunderbar und höchst liebevoll saniert. Wenn man durch eines der vier Stadttore geht, wird der Kontrast zwischen der alten Architektur und dem heutigen Lebensgefühleinkaufsgewohnheitenmischmasch noch deutlicher. Allerdings gibt es in Villingen noch einen Bäcker, fast achtzig Jahre alt, der wie zu Urzeiten sein Brot bäckt, der das Rezept des Bauernbrots geheim hält, leider keine Nachkommen hat und ein Philosoph sein soll, ein Eigenbrötler, einer mit ganz eigenen Ansichten zur Welt und zu den Menschen.

Überraschendes bietet das Museum im Franziskaner, benannt nach dem ehemaligen Franziskanerkloster aus dem dreizehnten Jahrhundert.

Es gibt dort zunächst einmal eine ganz klassische stadtgeschichtliche Abteilung, sehr gut sortiert, sehr ausführlich, nach modernsten museumspädagogischen Aspekten geordnet.

Zum Zweiten aber, und nun kommt das Entscheidende dieses Museums, gibt es hier eine ganz unglaubliche Sammlung zu bestaunen: Gegenstände aus dem Schwarzwald. Normalerweise fühle ich mich eher erschlagen, wenn ich mit einer solch immensen Vielzahl an Dingen konfrontiert werde. Hier ist das anders: Gebannt bleibe ich stehen, ohne im ersten Moment erklären zu können, woran das liegt. Nach dem ersten flüchtigen Rundgang tut sich eine Ahnung auf, die bald zur Gewissheit wird: Hier hat jemand mit einem phantastischen Gespür für die sinnliche Ausdruckskraft solcher Gegenstände des Alltagsgebrauchs gesucht. Der Sammler Oskar Spiegelhalter (1864–1925) scheint »besessen« gewesen zu sein von dem Bedürfnis, Schönheit zu archivieren, um sie unvergesslich zu machen. Schönheit, das meint in diesem Fall eine Einheit von Leben und Gegenstand, von Mensch und Ding. Spiegelhalter will mit seiner Sammlung keine Idylle zeigen.

Zu seinen Spezialitäten gehörte auch das Fotografieren von Menschen seiner Umgebung, sehr eindrücklich, aus verschiedenen Perspektiven. Und er archivierte Unmengen an Material aus seinem eigenen Leben, zum Beispiel die Fieberkurve einer Krankheitsphase.

Mit alldem zeigt er, dass Leben nicht nur ein innerer Strom ist, ein flüchtiges Vorbeihuschen, einmal einatmen, einmal ausatmen, sondern dass Leben sich eindrückt in Gegenstände, sich ausdrückt in Geschaffenem, in Dingen, alltäglichen und festlichen.

Museen sind in der Regel in Gebäuden innerhalb eines Ortes untergebracht. Was aber, wenn ein ganzer Ort oder ein Stadtkern sich als eine Art Museum präsentiert?

Die Kinzigstadt Gengenbach zum Beispiel, im Mittleren Schwarzwald an der Schwarzwaldbahn gelegen, wirbt mit dem Slogan: *Wo Vergangenheit lebendig wird.* Bei Prinz Franz zu Sayn-Wittgenstein heißt es: *Das hätten wir uns nicht träumen lassen. Da liegt zwischen Kinzig und den zum Moosberg ansteigenden Höhen eine kleine Stadt, von Türmen überragt, der auch die industriellen Zutaten unseres geschäftstüchtigen Jahrhunderts, die sich vor den Toren angesiedelt haben, nichts anzuhaben vermöchten.* Und in der Tat, sobald man durch eines der Stadttore eintritt in die historische Altstadt, lässt man die Gegenwart hinter sich, sieht sich einem harmonischen Ensemble aus Häusern, Gassen, Kloster, Kirche und Marktplatz gegenüber. Ich schlendere hindurch. Bereits Anfang des zwanzigsten Jahrhunderts hat man in Gengenbach sehr weitsichtig gehandelt, indem man eine ortsbauliche Vorschrift erließ, die dazu diente, das Stadtbild nicht zu verändern oder gar zu zerstören. 1955 schließlich wurde die ganze Innenstadt unter Denkmalschutz gestellt, und das kann schon als veritable Leistung bezeichnet werden, wenn man bedenkt, was für Abrisssünden andere Städte sich mit ihren historischen Bauten erlaubten. Hier hat sich die Freie Reichsstadt als wirklich frei gezeigt, nämlich unabhängig vom Zeitgeist, auf den eigenen Instinkt vertrauend, souverän ihre Entscheidungen fällend. Im Jahr 1366 wurde Gengenbach die unmittelbare Reichsfreiheit verliehen, und etwas von diesem Gefühl der Selbstständigkeit im Handeln und Entscheiden scheint sich der Stadt eingebrannt zu haben. Nachdem Gengenbach im pfälzischen Erbfolgekrieg 1689 durch französische Truppen völlig zerstört worden war, haben die Bürger und das Kloster gemeinsam am Wiederaufbau gearbeitet. Was damals entstand, ist heute in voller Pracht zu besichtigen. Wenn man von der Kinzig aus auf die Stadt zugeht, erblickt man sogleich das Kinzigtor mit seinem Turm. Es war das wichtigste Tor zur Stadtverteidigung. Ein Türmer beobachtete von hier aus alles, was sich näherte, auch die anreisenden Händler, denn die Stadt hatte Handelshoheit und konnte Zölle erheben. Zudem wurde von hier aus die Stunde ausgerufen und gewacht über eventuell ausbrechende Feuer.

Wenn man in die Stadtmitte gelangt, fällt einem sofort das Palais Löwenberg ins Auge, ein prächtiges Patrizierhaus aus dem achtzehnten Jahrhundert, in dem jetzt ein Museum untergebracht ist. Einst wohnte hier die Familie Bender, der viele bedeutende Persönlichkeiten der Stadt entstammten. An erster Stelle wäre Columbanus von Bender zu nennen, Hofkaplan von Kaiser Josef I. und Fürstabt von St. Blasien, außerdem Feldmarschall unter Joseph II. Weiterhin wunderbar anzuschauen ist das ehemalige Kauf- und Kornhaus mit seinem Renaissanceportal. In diesem Gebäude befand sich bis 1933 auch der Gebetssaal der jüdischen Gemeinde. Die Engelgasse in Gengenbach hieß übrigens bis 1877 Judengasse, ein irritierendes Detail.

Das Rathaus wurde 1784 erbaut von Viktor Kretz, auf dem Giebel sind Justitia und Prudentia zu bestaunen, die der Gengenbacher Bildhauer Peter Schwab geschaffen hat. Nicht zu vergessen natürlich die Benediktinerabtei, die auf eine Gründung des Missionsbischofs Pirmin aus dem Jahr 725 zurückgeht. Der war vom fränkischen Herzog Ruthard, nachdem er Kloster Reichenau gegründet hatte, beauftragt worden, eine weitere Abtei, und zwar in Gengenbach, einzurichten. Viele Handwerker und Bauern profitierten davon, denn sie konnten sich in der Nähe der Klostermauern niederlassen und hatten einen sicheren Arbeitgeber gefunden.

Und so hat das Gengenbach von heute viel Schönes, Beeindruckendes, aus sich heraus Lebendiges, und vielleicht wirbt die Stadt deshalb damit, so etwas wie ein »Badisch Nizza« zu sein. Aber das hat die Stadt nicht nötig und außerdem: Könnte man sich vorstellen, Nizza werbe damit, ein südfranzösisches Gengenbach zu sein?

Ein Geheimtipp ist das an der Schwarzwaldbahn vor den Toren der Altstadt in der Nähe der Kinzig gelegene Bahnwärterhäuschen. Es sollte 1985 abgerissen werden, um den Bau weiterer Parkplätze zu ermöglichen. Die Flößergilde Schaibach konnte das Gebäude jedoch käuflich erwerben und richtete dort das Flößerei- und Verkehrsmuseum Gengenbach ein.

Noch Anfang des neunzehnten Jahrhunderts war die Kinzig ein völlig ungebändigter Fluss. Es kam zu Überschwemmungen, Verschüttungen, Zerstörung von Brücken, Versumpfungen des Talgrundes. Im Jahr 1803 gab man dem Oberingenieur Johann Gottfried Tulla den Auftrag, sich etwas einfallen zu lassen zur Bändigung des reißenden Flusses und zum Schutz der Leute, die an seinen

Ufern lebten und arbeiteten. Und so kam es zur Flussregulierung, man wollte der Kinzig *soviel als möglich geraden oder sanft gekrümmten Lauf* lassen. Nun war es möglich, das Land viel stärker zu nutzen, es entstand ein Zuwachs an Kulturlandschaft, was sich aufgrund der vielen Hungersnöte als Segen erwies.

Auch das Waldgewerbe und die Schwarzwaldbahn finden in dieser Schau historischer Infrastrukturen ihren Platz.

Natürlich darf meine Heimatstadt nicht fehlen, auch wenn sie seit dem Jahr 1971 nur noch nach dem Bindestrich an zweiter Stelle in einem Doppelnamen vorkommt. Früher, als ich klein war, gab es Autos mit dem Kennzeichen *NEU*. Jetzt ist *NEU* zu *FR* geworden, und Neustadt gibt es nur noch in der Verbindung mit Titisee. Dabei ist die Geschichte dieses Namens allein schon beeindruckend: 1250 durch den Fürsten von Fürstenberg gegründet, hieß die Stadt noch 1275 Nova Civitas, 1294 dann Neuwenstadt, 1335 Neuwen-statt, 1630 Neostadium, 1650 New-Statt.

Hat eine Stadt eine solche Namensgeschichte, um dann in der Zusammensetzung Titisee-Neustadt zu enden, praktisch darin ertränkt zu werden? Bedenkenswert erscheint mir zudem, dass Titisee ja nicht schon immer Titisee hieß, sondern bis zum Jahr 1929 eine Gemeinde namens Vierthäler war. Neustadt hingegen gehört zu den wichtigsten Tüftler- und Erfinderstädten des Schwarzwaldes. Ganz im Süden der Uhrenroute gelegen, wurden hier vor allem auch Musikuhren hergestellt. Erwähnt sei die Familie Sorg, die zu großer Berühmtheit gelangt ist.

Lange Zeit gab es in Neustadt eine Schraubenfabrik, eine Tuchfabrik, eine große Papierfabrik, die in stark verkleinerter Form weiter besteht. Neustadt ist eine Stadt zwischen einer beeindruckenden Vergangenheit und einer unbestimmten Zukunft. Wenn ich, die ich hier aufgewachsen bin, durch die Straßen laufe, bemerke ich, wie viele Geschäfte aus meiner Jugend es nicht mehr gibt und dass eine lethargische Stimmung herrscht. Dabei gibt es kleine Oasen der Kreativität, ein altes Kino mit hervorragendem Programm, eine am Buckel gelegene Buchhandlung mit überhaupt nicht kleinstädtischem Angebot und Veranstaltungen, die von einem entschieden hohen Niveau sind. Überhaupt ist für mich der Hirschenbuckel zu einer Art Zentrum Neustadts geworden. Auch das italienische Eiscafé dort hat einen besonderen Charme.

Klimatisch gesehen liegt Neustadt auf der Leeseite des Schwarzwaldes im Übergangsbereich zwischen dem ozeanisch getönten Gebirgsklima und dem kontinentalen Klima der Baar. Das Bioklima wird als günstig beurteilt. Es kann im Sommer durchaus recht warm werden, auch wenn ich mich erinnere, als Kind ziemlich selten das Schwimmbad aufgesucht zu haben.

Im Jahr 1908 empfahl der Arzt Wilhelm Stahl den Kurgästen, *auf Spaziergängen, welche sich bis zum Abend ausdehnen (der Tag mag noch so sommerlich warm sein) immer einen Mantel mitzunehmen. Eine Erkältung, welche den Erfolg der ganzen Luftkur in Frage stellen könnte, dürfte die Folge dieser Unterlassung sein.* Ein Rat, der auch in Zeiten des Klimawandels noch seine Gültigkeit hat.

Die Gasthäuser im Langenordnachtal oder in Waldau haben seit meiner Kinderzeit nichts an Atmosphäre eingebüßt. Man bekommt die gleichen selbstgebackenen Kuchen, den Wurstsalat mit Zwiebeln oder Käse, das Speckvesper, das Restaurationsbrot, das Käsebrot immer noch mit Zwiebelringen, sauren Gürkchen und einer Andeutung von hartem Ei mit Mayonnaise.

Länger als in meiner Geburts- und Kindheitsstadt lebe ich in der Stadt, die ich nie zum Schwarzwald zählte, weil ich ja eigentlich ganz weit weg auswandern wollte und es dann doch nur bis an den Rand des Schwarzwaldes schaffte: Freiburg. Noch dazu wohne ich seit über dreißig Jahren eigentlich immer im gleichen Stadtteil, in der Wiehre, und von da ist man sehr schnell am Bahnhof, bei der Höllentalbahn, die einen noch schneller auf die Berge, in die Wälder und an die Seen bringt. Und so führe ich seit meinem Auszug aus Neustadt ja eigentlich eine Randexistenz, ohne mir dessen bis jetzt wirklich bewusst geworden zu sein. Nirgendwo kann man sich besser einigeln als in einer Stadt, man hat alles, was man braucht, und die Welt kommt scheinbar wie von selbst zu einem. Ich brauchte lange Zeit nur die Welt des Geistes, die Bücher, die Universität mit ihren interessanten, gebildeten Menschen, alles andere hat mich nicht interessiert. Freiburg, das war für mich nie »Tor zum Schwarzwald«, nein, das war der Ausgang, durch den ich den Schwarzwald hinter mir ließ, und es war Tor zur weiten Welt, zu anderen Ländern, vor allem zu Buchstabenorten. Und wie ich jetzt anfange, darüber nachzudenken, was ich in einem Buch über den Schwarzwald über Freiburg schreiben könnte, fällt mir ein, dass ja der Schlossberg schon dazugehört und dass ich auf dem Schlossberg und also im Schwarzwald die letzten Stunden vor der Geburt meiner dritten Tochter verbracht habe, ohne darüber nachzudenken. Dass ich die Jahre über immer wieder dort oben war, auf die Stadt geblickt, mich mit Leuten getroffen habe, spazieren gegangen bin, Gespräche geführt und Konzerte gehört habe: Ohne es mir jemals bewusst gemacht zu haben, bin ich unzählige Male in wenigen Minuten von zu Hause weg im Schwarzwald gewesen. Und mein Studium: Heidegger, Husserl, später dann Hannah Arendt und Edith Stein, alles zwischen Freiburg und dem Schwarzwald hin und her wandernde Geistesgrößen, und sei es auch nur für kurze Zeit gewesen. Husserl konnte direkt von seiner Wohnung in der Lorettostraße 40 aus über den Lorettoberg weiter bis zum Schauinsland gehen, er verbrachte viel Zeit auch in Bernau, wo er Ruhe zum Arbeiten fand. Dort besuchte ihn Edith Stein, seine Assistentin, immer wieder. Sie selbst wanderte überaus gern und berichtet von einer Wanderung auf den Feldberg: *Wir machten den Hinweg ganz zu Fuß, von Günterstal über den Schauinsland, übernachteten unterwegs und konnten nachmittags stolz nach der Vorlesung erzählen, dass wir früh auf dem Feldberg gewesen waren und beim Morgenkaffee die Alpen gesehen hatten.* Edith Stein, für mich immer die hochbegabte Philosophin, die nicht hätte Nonne werden müssen, hätte Husserl es nicht für »unschicklich« erachtet, dass Damen eine Universitätslaufbahn einschlagen. Der Freiburger Künstler Hans-Günther van Look, der wie Husserl in der Lorettostraße 40 lebte, hat im Freiburger Münster ein Edith-Stein-Fenster gestaltet, das eine lebendige und weltoffene Frau zeigt.

Was mir eigentlich schon längst zu denken hätte geben müssen: Bis heute bedeutet Freiburg für mich sehr stark, die Wege zu genießen. Auch wenn der Verkehr über die Jahre hin zugenommen hat, ist es nie so hektisch, dass man nicht vor sich hin sinnend durch die Straßen gehen könnte. Dieses Freiburg, merke ich, kriegt immer mehr

Schwarzwaldliches. Über die Kronenbrücke zum Theater und spätabends zurück, an der Dreisam entlang zum Tiergehege Mundenhof oder in die andere Richtung nach Kirchzarten, durch den Sternwald zum Waldsee oder nach Günterstal oder einfach nur durchs Viertel. Selten geht es darum, so schnell wie möglich ans Ziel zu kommen, immer erscheint es mir wie ein Stück verlorene Zeit, wenn ich nicht bewusst wahrnehme, dass ich einen bestimmten Weg zurücklege.

Ich treffe mich auf ein Gespräch mit einem, der schon lange das Gesicht der Innenstadt Freiburgs prägt, der auch mein Leben beeinflusst hat, indem er mir an unzähligen Abenden und an manchen trüben Sonntagnachmittagen Eintritt verschafft hat in den einen oder anderen, mal großen, mal kleinen seiner dunklen Räume, damit ich meinen Hunger nach Bildern stillen konnte. Michael Wiedemann ist der Herr der Filme. Und Freiburg ist für ihn der beste Ort dafür, denn diese Stadt ist eine Kinostadt. Auf meine Frage, ob denn Freiburg für ihn Heimat sei und wie er zum Schwarzwald stünde, antwortet er postwendend: Nie mehr irgendwo jenseits des Mains wohnen! In Frankfurt sei es viel schwerer gewesen, mit den Menschen, der Sprache, dem Cineastentum. Hier, ja, das könne er sagen, hier sei seine Heimat, und man merke das erst wirklich, wenn man es nicht habe. Das Einzige, was ihm fehle, sei das Meer, also wenn es im Schwarzwald auch noch das Meer gäbe, dann wäre es perfekt. Er sieht Freiburg weniger als Tor zum Schwarzwald, sondern eher als Tor zum Süden. In nur drei Stunden sei er in Locarno bei den Filmfestspielen. Und dann die Touren mit seiner Harley, nach St. Blasien, ins Simonswäldertal, ins Albtal und nach Badenweiler, schon das Erzählen mache ihm eine Gänsehaut. Vor allem die Gasthäuser auf dem Weg, überall winken sie einem zu: Komm rein, gönn dir was Gutes. Das gäbe es nirgends sonst. Kürzlich erst, bei Lüneburg, seien er und seine Frau von der Autobahn runter, weil der Hunger groß war, aber nirgendwo ein Gasthaus und wenn, dann so wenig einladend und mitten im Sommer ohne Biergarten, sodass sie dann doch auf einer Autobahnraststätte gegessen hätten.

Die Freiburger erkunden die Gegend oft mit dem Rad. Der Schriftsteller, der mir an einem ganz und gar eklig nassen Oktobernachmittag bei einer Tasse Kaffee gegenübersitzt, benutzt ein Rennrad. Martin Gülich ist in Karlsruhe aufgewachsen, lebt aber schon lange in Freiburg. Er fährt nicht Mountainbike und erklärt mir, dass es einen ziemlich offen ausgetragenen Kampf gibt zwischen den Rennradfahrern und den Mountainbikern. Beispielsweise gehört es zum guten Ton, sich nicht zu grüßen. Früher sei er sehr viel gewandert, aber die Gelenke hätten es ihm mit der Zeit ratsam erscheinen lassen, die Fortbewegungsart zu wechseln, und so sei er zum

Rennrad gekommen. Es mache ihm viel Spaß, man habe manchmal den Eindruck einer gewissen Schwerelosigkeit. Bei den Lieblingsstrecken fallen Namen wie St. Ulrich, Sölden, Staufen, Hexental, St. Märgen, Thurner, St. Peter, Wagensteigtal, drei verschiedene Möglichkeiten der Schauinslandbefahrung: über die sogenannte Rennstrecke, über Münstertal und Stohren oder über Oberried, Hofsgrund.

Bei den Freiburgern, das ist klar, kommen Kultur und Natur in nahezu perfekter Kombination zusammen. Freiburg ist Tor zum Schwarzwald, ein Tor allerdings, das den Riegel immer offen hält. Das merken auch Zugezogene. Die Leiterin des hiesigen Literaturbüros, Stephanie Stegmann, betont, wie gern sie hier lebe und dass es ihr gefalle, Gast zu sein, nicht nur was das Räumliche betrifft, sondern auch die Sprache. Freiburg sei nicht die spannendste Stadt, in der sie bisher gelebt und gearbeitet habe, aber die »seelenschmeichelndste«, und das ist ja mit Sicherheit ein umwerfendes Kompliment.

Ein anderes »Tor zum Schwarzwald«, allerdings zum Mittleren Schwarzwald, ist Offenburg. Die meisten Reisenden kennen von Offenburg nur den Bahnhof, denn der liegt an einer der wichtigsten ICE-Strecken zwischen dem Süden und dem Norden Deutschlands. Auch ich nehme den ICE sehr oft und auch ich bin nur ganz selten in Offenburg ausgestiegen. Nun aber tue ich es und ich bin gespannt, diese mir so lange nahezu unbekannt gebliebene Stadt endlich näher kennenzulernen. Von Hans Holbein dem Jüngeren gibt es aus dem Jahr 1526 zwei Gemälde mit dem Titel *Die schöne Offenburgerin*. Das eine Bild zeigt die Dame als Hetäre, auf dem anderen ist sie als Göttin der Liebe zu sehen. Welche Rolle sie in Holbeins Leben spielte, ob sie lediglich Modell gesessen hat oder sonst näher bekannt war mit dem Maler, bleibt bis heute ein Geheimnis. Und dieses eher dem Geheimnisvollen, auch durchaus Schweigsamen Zugeneigte, sich nicht schnell Preisgebenwollende, scheint, wenn ich meiner Begleiterin, einer gebürtigen Offenburgerin mit Migrationshintergrund glauben kann, ein Charakterzug der Offenburger zu sein. Sie jedenfalls ist der Meinung, »der Offenburger« sei eher zurückhaltend, bleibe auch gern für sich. Ich glaube ihr das einfach und muss zugeben, dass die Offenburgerinnen und Offenburger, die ich bisher kennengelernt habe, in der Tat eher zu den etwas Schüchterneren, Stilleren im Lande zählen. Nun also der erste ganz nahe Kontakt zu Offenburg. Meine Begleiterin führt mich ganz unakademisch, was ich ungemein genieße und was mir die Möglichkeit eröffnet, zu flanieren, rechts und links und geradeaus zu schauen, hier etwas zu entdecken, dort einen neuen Hinweis aufzuschnappen. Es ist von Anfang an kein sachlich ausgerichteter Blick, sondern ein doppelt perspektivisches Schauen, einmal nehme ich die Blickrichtung auf, die mir meine Führerin präsentiert, die mich aber eben nicht festnagelt, sodass ich gleichzeitig den eigenen Gedanken und Gefühlen freien Lauf lassen kann. Wie nebenbei erzählt sie immer wieder die eine und andere Anekdote auch aus ihrer Kindheit und Jugend in Offenburg, wie sie jobbte bei Burda, wie überhaupt die Burdas das Leben der Stadt bis heute stark prägen. Sie erzählt, wie sie schwimmen ging im Burda-Bad, Burda-Pommes gegessen hat, dass alle im Werk den damals ganz jungen Hubert Burda immer nur Hubert nannten, welch großen Einfluss Aenne Burda bis zu ihrem Tod hatte und dass nun dem vorbehaltlosen Vertrauen den Burdas gegenüber eine eher kritische Einstellung Platz gemacht hat, nachdem fast das ganze Werk nach München ausgelagert wurde, was viele Arbeitsplätze zerstört hat. Auch die Tatsache, dass früher die Chefs präsent waren, die Villa ganz in der Nähe des Werks, der direkte Kontakt zu den Angestellten selbstverständlich. Und nun sieht man am Himmel über Offenburg den Helikopter des neuen Chefs, ziemlich abgehoben und fremder eben als damals. Sehr stark beeindruckt mich die Aluminiumskulptur *freedom-male/female* von Jonathan Borofsky, eine Stiftung Aenne Burdas, wie vieles andere in Offenburg. Sie steht auf dem Platz der Entschiedenen Freunde der Verfassung, und kein anderer Begriff als der

der Freiheit in Gemeinsamkeit fällt mir ein, wenn ich sie betrachte. Ineinander verschlungen und doch jede und jeder auf eigenen Beinen, in die Zukunft hinein, mit weit ausholendem Schritt. Offenburg lädt zum Verweilen ein, es gibt sehr viele Gasthäuser und Cafés, auch zahlreiche Möglichkeiten, sich im Freien niederzulassen. Eine Pause im Café Gmeiner lohnt sich allemal. Der freundliche Kellner mit dem französischen Zungenschlag serviert rundum Köstlichkeiten süßer und salziger Art, und auch uns beiden schmeckt es vorzüglich. Es herrscht viel Betrieb und die Leute plaudern eifrig, also ist er vielleicht doch nicht so still, der Offenburger? Wir wärmen uns auf, denn ich habe noch einiges vor. Nach der Stärkung begebe ich mich ins Stadtarchiv und mir fällt auf, dass ich anfange, diese Archive zu mögen. Oft sitzt man allein zwischen den Buch- und vor allem Ordnerdeckeln, im Wissen, dass unglaublich interessante Informationen, Lebens- und andere Geschichten hier versammelt sind. Das Stadtarchiv ist untergebracht im 1784 erbauten Ritterhaus. 1803 bis 1806 hatte hier die Ortenauer Reichsritterschaft ihren Sitz, daher der Name. Das Archiv und das Museum sind seit 1959 hier untergebracht und eine wahre Fundgrube. Die Kuratorin Gerlinde Brandenburger-Eisele berichtet von Künstlerinnen und Künstlern, die sich mit dem Schwarzwald auf irgendeine Weise auseinandergesetzt haben und auseinandersetzen.

Nicht vergessen darf man einen ganz wichtigen Moment der Offenburger Geschichte: In den Jahren 1847 bis 1849 war die Stadt Mittelpunkt der revolutionären Bewegung in Baden. Sie eignete sich in besonderem Maße dafür, weil erstens ein liberaler Geist herrschte und außerdem Offenburg durch seine zentrale Lage, den Anschluss an die Großherzogliche Staatsbahn und die Nähe zur Großstadt Straßburg weltoffen war. Es waren dreizehn Forderungen, die damals formuliert wurden, unter ihnen die Pressefreiheit, Gewissens- und Religionsfreiheit, allgemeines Wahlrecht und gerechte Besteuerung. Die Dinge nahmen ihren Lauf, und am 19. März 1848 kam es in Offenburg zu einer Volksversammlung, an der 20 000 Menschen teilnahmen. Man machte sich schon Sorgen, ob eine solch gewaltige Menschenansammlung nicht zu Aggression führen und allerhand »Lumpengesindel« anziehen würde, aber, so ein Zeitzeuge, *das großartige Volksfest ging ohne alle Störungen und erhebend schön vorüber … Bewaffnet erschienen nur die aus dem Renchthale, sie legten aber, nach Ersuchen, die Waffen, bestehend in Sensen, Flinten, und Büchsen während ihres Aufenthalts in der Stadt nieder.*

Auf der Zugfahrt nach Freiburg, diesmal im abendlichen Dämmerlicht, draußen die schneebedeckten Hänge des Schwarzwaldes, lasse ich die Bilder des Tages noch einmal durch den Kopf ziehen und denke, dass ich die Einladung meiner Begleiterin vom Vormittag, doch im

Sommer einmal wiederzukommen, wenn man sich länger draußen aufhalten könne, gerne annehmen werde.

Baden-Baden: Kurstadt, mondäne Stadt, Festspielhausstadt, Kasinostadt, Frieder-Burda-Stadt, Stadt, in der Berühmtheiten wie Dostojewski, Turgenjew, überhaupt die russische Geisteselite, Brahms, Boulez, Groddeck und andere eine Zeitlang gewohnt haben. So kann es sein, dass man, auch wenn man nicht berühmt, reich und mondän ist, von Baden-Baden, bevor man es überhaupt in der direkten Begegnung kennengelernt hat, ein ziemlich klar umrissenes Bild im Kopf vorfindet. Etwas aber fehlt in diesem Bild: das Alltagsgesicht der Stadt, eine Vorstellung vom täglichen Leben der Menschen, die hier zu Beginn des 21. Jahrhunderts allein oder mit ihren Familien wohnen, arbeiten, ihre Freizeit verbringen. Es dominieren Phantasien von mit kostbarem Schmuck behängten Damen und Herren im Frack am Roulettetisch des Kasinos, vereinzelt ein paar Köpfe, auf deren Stirn sich Schweißperlen gebildet haben, Angstschweiß wahrscheinlich, weil gerade das letzte Hemd den Besitzer gewechselt hat. Oder: Pferdekutschen, in denen russisch sprechende Dichter und andere Künstler die Allee entlangfahren. Der neue Baden-Badener Bahnhof liegt dreizehn Minuten mit dem Bus von der Stadtmitte entfernt, wie gut, denn so erlebe ich das morgendliche Erwachen: Schülerhorden,

Frauen mit Einkaufstaschen, vor sich hin brabbelnde alte Männer, das gesamte Programm. Beim Vorüberfahren erblicke ich den Bayerischen Hof, den Schweizer Hof, den Badischen Hof, die Bar Hemingway's und einen Hundesalon mit dem Namen Exquisit. Damit ist der Anschluss an die mondäne Welt hergestellt, und mit einer gewissen bewusstseinsmäßigen Gespaltenheit, nämlich zwischen dem Empfinden alltäglicher Normalität und einer weltstadtmäßigen Orientierung in Richtung Paris, Mailand und Zürich, gelange ich zum Leopoldsplatz. Hier aber klingelt ein richtig schriller Wecker, und ich komme schlagartig auf dem Boden der Realität eines frühen Dienstagmorgens im November des Jahres 2008 an: Ein relativ junger Mann in karierter Jacke mit Umhängetasche beschimpft mich offensichtlich, ich kann es nicht genau abschätzen, denn die Sprache ist Russisch und das dazugehörige Gesicht macht einen sehr wütenden Eindruck. Hatte ich nicht gerade eben noch von russischen Literaten geträumt? Auf jeden Fall wird mir klar: Hier ist die Welt noch immer zu Hause, nur eben nicht mehr wie im neunzehnten Jahrhundert: Baden-Baden ist wie jede andere Stadt im 21. Jahrhundert angekommen. Ich beschließe, erst einmal in Richtung Rathaus zu gehen. Das kolossale Bismarckdenkmal vermittelt ein zwiespältiges Gefühl, einerseits, dass es noch Sicherheit und Stärke gibt, andererseits doch auch, dass diese Stärke Fassade ist und deshalb ein wenig Angst macht. Eines der in der Innenstadt verteilten Zitate großer Menschen, vor allem großer Männer, die längere oder kürzere Zeit in Baden-Baden weilten, bringt mich zum Grinsen: *Dieser gedrängte Baden-Badener Frühling ist einzigartig, und man kann ihm nicht widerstehen.* Gerhart Hauptmann soll das gesagt haben, und als hätte das Wetter mitgehört, heben sich die Nebelschleier ein wenig und eine Andeutung von blauem Himmel lugt hervor, und ich ahne, wieso viele Künstler und andere zum Geistigen hingeneigte Menschen Baden-Baden eine »paradiesische« Gegend nannten. Ich genieße es, droben auf dem Marktplatz zu stehen im Bewusstsein, dass unter meinen Füßen in der Tiefe die Kaiserbäder liegen. Ich lese auf der Informationstafel, dass man mutmaßt, sogar Cäsar selbst sei hier gewesen. Ich ziehe die gesundheitsfördernde Kurluft tief in meine Lungen und muss auch schon weiter, denn ich habe einen Termin mit der Gleichstellungsbeauftragten der Stadt vereinbart. Auch hier nämlich interessiert mich die Rolle, die Frauen im Leben der Stadt spielten und spielen. Manche Namen kennt man: Maria Bergmann, Pianistin beim Rundfunk, Emma Herwegh, Revolutionärin und Revolutionärsdichtergattin, Clara Schumann, Komponistin und Pianistin, Luise, Großherzogin von Baden. Andere Namen höre ich zum ersten Mal: Rosel Heim (1902–1992), die als erste Frau Deutschlands eine komplette Kosmetikserie aus pflanzlichen Wirkstoffen hergestellt hat, Leonore Mayer-Katz (1912–1988), Unternehmerin und Politikerin, und viele andere. Natürlich war es auch in den glanzvollen Zeiten Baden-Badens nicht so, dass es keine Armut und kein Elend gegeben hätte. Beispielsweise verströmte die weibliche Halbwelt der Belle Époque nicht nur einen süßen, edlen Duft, es gab auch die Gruppe der »leichten Mädchen«, die am Rande des Existenzminimums dahinvegetierten. Es lagen Welten zwischen der Lebensweise der Cora Pearl (1835–1886), einer Edelkurtisane aus Paris, die in Baden-Baden bei einem ihrer Aufenthalte 200 000 Francs verspielen konnte, und den vielen »kleinen« Prostituierten, die noch nicht einmal innerhalb der Stadtmauern wohnen durften. Heimlich steckten sie den entsprechenden Herren ihre Zettelchen zu, um ein Treffen zu vereinbaren.

Baden-Baden, eine Entschlüsselungsaufgabe, eine Stadt mit vielen Rätseln, und immer wieder die Frage nach dem Zusammenhang zwischen Fassade und Wirklichkeit, gestern und heute, Repräsentation und Geist, Maske und offenem Blick. Meine Fragen sind nach diesem Besuch nicht weniger geworden.

Und noch einmal ein Tor: Pforzheim.

Angeblich soll die Stadt nicht besonders schön sein, weil fast ganz zerstört worden im Zweiten Weltkrieg.

Ich fahre nicht von Freiburg aus nach Pforzheim, sondern komme aus Essen. Und bin daher nach über vier Stunden Zugfahrt ziemlich erschöpft und gereizt. Der Wunsch nach einer Dusche führt mich geradewegs zum Hotel Gute Hoffnung, bei dem die Stadtbibliothek für mich ein Zimmer gebucht hat. Am selben Abend nämlich werde ich da eine Lesung haben. Die Rezeption ist nicht besetzt, erst um 17 Uhr wird hier jemand zur Begrüßung sitzen, es gibt einen Automaten, aber da braucht man eine Geheimzahl, die ich nicht habe. Das heißt dann erst mal Ade, Gute Hoffnung, ich rufe in der Bibliothek an: Normalerweise werde ja eigentlich erst am Abend angereist, lautet die Antwort, aber ich könne den Koffer solange in der Bibliothek abstellen. Zu diesem Zeitpunkt ist Pforzheim für mich noch ein Tor, ein ziemlich sperriges, das schwer in den Angeln hängt und sich nur mit Mühe öffnen lässt. Mein Magen knurrt entschieden, ich nehme Koffer und Tasche und gehe erst einmal in die Bäckerei direkt neben dem Hotel. Ein wenig Hoffnung keimt auf, denn es handelt sich um eine offensichtlich sehr gute Bäckerei, in der es noch selbsthergestellte Backwaren gibt, was ja längst keine Selbstverständlichkeit mehr ist. Eine Frau stellt der freundlichen Verkäuferin die Frage, was denn ein Laugencroissant sei, woraufhin sie die genau passende Antwort bekommt: Das sei *wie ein Laugenweck, nur als Croissant*. Etwas beschwingter nehme ich den Weg in die Bibliothek. Nachdem das Gepäck sicher abgestellt ist, frage ich, was denn am schönsten an Pforzheim sei, und bekomme eine überraschende Antwort: An Pforzheim am schönsten sei die Umgebung von Pforzheim. Ich nehme den Weg hinunter zur Enz und entdecke dort eine Informationstafel *Goldstadt Uferweg*. Dass Pforzheim wegen seiner langen Schmuckherstellungstradition berühmt ist, weiß ich natürlich und schlendere die Goldschmiedemeile entlang. Wenn auch die Fassaden Pforzheims nicht unbedingt glänzen, dahinter muss sich doch einiges tun, produzieren hier immerhin noch immer etwa achttausend Beschäftigte in 350 Betrieben siebzig Prozent des in Deutschland hergestellten Schmucks. Das Schmuckmuseum besuche ich nicht, stattdessen schaue ich mir die Sammlung Minnich im Reuchlin-Haus an: Ich habe Lust auf »starke« Bilder, und Minnich hat unter anderem Gemälde von Max Pechstein gesammelt. Draußen scheint mittlerweile die Sonne, ich gehe ein Stück durch den Stadtgarten und genieße die Nagold hinauf den Blick auf die bewaldeten Schwarzwaldhöhen. Zum Glück führt mich mein Instinkt in das gerade neu eröffnete Reuchlin-Museum in der Schlosskirche. Zum Glück nicht nur deshalb, weil Johannes Reuchlin ein großer Sohn der Stadt Pforzheim ist, sondern weil hier zum ersten Mal, seit ich in dieser Stadt weile, jemand sie in den höchsten Tönen lobt und seine Liebe zu ihr kundtut: *Pforzheim, Du Quell und Ursprung meiner selbst, Du Ehre der Künstler, Du Erzeugerin von Begabungen.* Reuchlins Ziehsohn Melanchthon hat im Jahre 1552 noch wasdrauf gesetzt und die Umgebung in die Belobigung mit hineingenommen: *Oberhalb von Speyer liegt eine berühmte Stadt: Pforzheim. Die Lieblichkeit von Pforzheim erhöhen dort, wo es in den Schwarzwald hineingeht, Ufer, Wiesen und die benachbarten Berge sowie auf der anderen Seite fruchtbare Äcker und Gärten.* Endlich, denke ich, endlich zeigt einmal jemand Liebe und Bewunderung für diese Stadt. Gerd Hager, der Bürgermeister für Kultur, Bildung und Soziales, der in Pforzheim geboren wurde und ein Liebhaber seiner Stadt ist, schafft es, mich davon zu überzeugen, dass Pforzheim in fast jeder Hinsicht eine Stadt der Superlative ist: Hier gammeln keine Schulgebäude vor sich hin wie in anderen Städten, hier wird in Bildung investiert wie auch in Kultur, hier gibt es ein Dreispartenhaus mit starker Auslastung, Kleinkunst, Musik klassisch, einen großartigen Jazzkeller, außerdem wird jeder Juwelier, der es zu etwas bringen will, als Ausbildungsplatz Pforzheim wählen. Hier lebte Berta Benz, die 1888 die erste Fernfahrt mit einem Automobil unternahm und der zu Ehren auf dem Waisenhausplatz ein von dem Pforzheimer Künstler René Dantes aus Edelstahl geschaffenes Denkmal steht. Imposant dann der Blick von einem der Hügel auf die nächtlich erleuchtete Stadt: eine »verteilte« Stadt, wie der Bürgermeister mir glaubwürdig darstellt. Ein wenig wie Stuttgart, so kommt es mir vor, viele Stadtteile, sehr weit gestreut. Dann noch die Fahrt zur Grenze der Zerstörung von 1945: Herrlichste Gründerzeitbauten lassen mich erahnen, wie es einst hier ausgesehen hat. Zum Schluss fahren wir noch zu der Stelle, an der die drei Schwarzwaldhöhenwege beginnen. Nach einer guten Nacht im Hotel Gute Hoffnung verlasse ich am nächsten Tag Pforzheim im Bewusstsein, in eine spannende Stadt wenigstens einen kleinen Einblick bekommen zu haben. Pforzheim hat sich mir eingeprägt als im wahrsten Sinn »verteilte«, facettenreiche, überraschende Stadt.

Lahr im Schwarzwald. Der Bahnhof liegt außerhalb, und ich denke, es muss ziemlich unangenehm sein, nachts hier anzukommen und nicht mit dem sicheren Auto abgeholt zu werden. Um in die Innenstadt zu kommen, muss ich den Stadtbus nehmen. Frühe Morgeneindrücke in einer Stadt, die sehr langsam zu erwachen scheint, viel Müdigkeit ein ganzes Stück in den Tag hineinträgt. In meiner Erinnerung hatte Lahr immer etwas »Strammes«, es hatte mit Soldaten zu tun, und tatsächlich war es zwischen 1898 und 1919 und 1936 bis 1945 Garnisonsstadt und dann von 1969 bis in die neunziger Jahre Sitz des Hauptquartiers der kanadischen Nato-Streitkräfte in Europa.

Nach dem Abzug der Kanadier zogen etwa neuntausend ehemalige Russlanddeutsche und Spätaussiedler hierher. Menschen kamen also und gingen, eine immer wieder neue Mischung ergab sich, und der Eindruck des »Gemischten« entsteht tatsächlich, wenn man sich umschaut in der Stadt. Da ist zum Beispiel zwischen sehr schön restaurierten Altstadthäusern eine ehemalige, inzwischen völlig heruntergekommene Spielothek, die Aufschrift *Billard* ist noch schwach zu entziffern, die Scheiben sind zum großen Teil zertrümmert. Dann aber wieder voller Anmut das Henkerhiisle aus dem Jahr 1564, in dem der letzte Scharfrichter Lahrs gewohnt haben soll. Um die Ecke in einem ebenfalls herrlich restaurierten Gebäude die Freimaurerloge *Allvater zum freien Gedanken,* direkt gegenüber aber hinter einem Bretterverschlag die stark verblasste Aufschrift *Hendl König,* und die Vermutung liegt nahe, dass der König sich offenbar vor längerer Zeit auf und davon gemacht hat mitsamt seinem Federvieh.

Um elf Uhr stehe ich vor dem Verlagshaus Kaufmann. Drinnen werde ich sogleich vom Geschäftsleiter Verkauf und Marketing, Alfred Schäfer, freundlichst empfangen. Ich solle meine Fragen stellen, lächelt er mich an, ich warte ab, und dann fängt er von sich aus an zu erzählen. Ja, das Verlagshaus Kaufmann sei seit 190 Jahren in Familienbesitz, immer am selben Standort. Die Kaufmanns seien eine angesehene Lahrer Familie. Und dann natürlich der *Lahrer Hinkende Bote:* Er erscheint immerhin noch in einer Auflage von 20 000 bis 30 000 Exemplaren. Viele Leute, die gar nicht mehr in der Gegend wohnen, lassen ihn sich regelmäßig nachschicken. Auch vor 150 Jahren war es nicht anders. Von den Menschen, die damals auswanderten, ließ sich ebenfalls eine große Zahl den Kalender ins Ausland nachsenden. Die Auflage damals: 1,4 Millionen, ein Bestseller also. Das Jahresthema 2009 sind Flüsse. Daneben natürlich Altbekanntes wie der Mondkalender, das Wetter nach dem Hundertjährigen, Finsternisse und Sichtbarkeit der Planeten. Der Verlag Kaufmann mit seiner langen Tradition und Offenheit fürs Experiment: für mich eine Art Fixpunkt in einer Stadt, die bei mir ein wenig den Eindruck hinterlassen hat, in einer Art Entrückungszustand zu verharren, als wüsste sie nicht recht, wohin sie sich bewegen könnte, als wolle sie abwarten, was kommt.

# 4.

# *Spezialisten und Spezialitäten*

Wer im Schwarzwald aufgewachsen ist, hat über die Jahre hin die verschiedenen Schwarzwälder Spezialitäten kennengelernt.

Nehmen wir zum Beispiel die Schwarzwälder Kirschtorte, dieses Wunderwerk aus Sahne, Kirschen, Kirschwasser und Schokoladenraspeln. Weltweit kann man sie bekommen: Man braucht nur nach dem »black forest cake« zu fragen. Hat man allerdings wenig Fleisch auf den Knochen und weiß nichtsdestotrotz die Qualität einer Schwarzwälder Kirschtorte zu schätzen, setzt man sich immer von neuem einer peinlichen Situation aus: Langsam senkt sich die Kuchengabel in die wunderbare Masse, schleckt die Zunge in kleinen Portionen dieselbe in den Mund, worin sie eine Weile bleibt, denn sie will genossen sein. Dann erst wird geschluckt, und dieser Vorgang wiederholt sich ein paarmal, bis sich eben diese ganz natürliche Empfindung des Sattseins einstellt. Das kann geschehen, obwohl die Hälfte der Torte noch auf dem Teller ist. Die Bedienung ist das nicht gewohnt, schaut erstaunt und fragt: »Het's nit g'schmeckt?« Jetzt ist Mut angesagt: »Doch, wunderbar, aber ich bin satt.«

Die allerallerallerbeste Schwarzwälder Kirschtorte soll es übrigens im Café Feldbergblick in Schwärzenbach geben. Und in der Tat, der Geschmack ist rund, nichts sticht heraus, die Sahne ist locker, der Boden nicht zu fest, beim Nachschmecken entfaltet sie ein phantastisches Aroma. Hubert Vogelbacher bäckt die Torte seit dreißig Jahren, sie ist bei ihm mit vierzehn Zentimetern deutlich höher als anderswo.

Ein besonderes Kirschtortenerlebnis hatte ich an einem Wintersamstag in St.-Peter: Nach einem langen Spaziergang begebe ich mich in ein Café mitten im Ort. Am Nebentisch sitzen zwei Frauen und ein Mann aus dem Schwabenland. Die eine der beiden Frauen schimpft über die Schwarzwälder Kirschtorte, weil sie das Kirschwasser nicht erschmecken kann und daraus messerscharf schließt, es sei eben keines drin. Im Originalton heißt das: »Do isch koi Schnaps drin.« Der Kopf der Dame ist bei diesen Worten leicht nach vorne gebeugt zu ihrer Freundin auf dem Stuhl gegenüber. Aha, sie will flüstern, denke ich, aber es gelingt ihr nicht wirklich, denn sie echauffiert sich zu sehr. Der Herr neben der Mäklerin schließt sich dem fachmännischen Urteil an. Trotzdem werden die Tortenstücke bis aufs letzte Krümelchen aufgegessen, und der nun doch ziemlich zufriedene Ausdruck von Gesicht und vor allem Doppelkinn der Frau bewirken, dass ich mich beherrschen muss, um nicht lauthals loszulachen. Die Dame nämlich wirkt leicht besäuselt. Sollte sie sich vielleicht getäuscht haben, weil ihre Geschmacksnerven von zu viel deftiger schwäbischer Kost ein wenig unsensibel geworden sind für die feinen Kirschwassernuancen?

Neben der Schwarzwälder Kirschtorte gibt es noch ein paar weitere Spezialitäten, die ein Sonntagsfährtle wert sind. All diese Dinge sind von ausgesuchter Qualität, sorgfältig und liebevoll hergestellt und deshalb völlig zu Recht weltberühmt. Womit wir an einem ziemlich heiklen Punkt angekommen wären, denn da ist eine Sache, genauer ein bestimmtes Getränk, ein Gebräu, dem man ein ganzes Kapitel widmen könnte, so diffizil sind die Geschmacksunterschiede der einzelnen Sorten und die Techniken der Herstellung: Das Bier wird vielleicht nirgendwo in Deutschland (die Bayern mögen sich die Ohren zuhalten) in einer solch unverfälschten Qualität hergestellt wie im Schwarzwald. Das Rothaus-Bier beispielsweise gehört zu den hundert besten Bieren der Welt, das Waldhaus-Bier ist im April 2008 von Horst Seehofer persönlich mit dem Bundesehrenpreis für Bier ausgezeichnet worden. Auch in der Schwarzwaldküche findet das Bier reiche Anwendungsmöglichkeiten. Wer einmal in der Brauereigaststätte Rothaus eine Tannenzäpflesuppe gegessen hat, wird einen ganz neuen Geschmackszugang zu diesem Getränk bekommen und auf diese Weise sozusagen auf dem zweiten Bildungsweg zum Biertrinker werden.

Aber nicht nur im Südschwarzwald braut man hervorragendes Bier, auch der Nordschwarzwald kann sich sehen lassen: Alpirsbacher Klosterbräu lautet das Zauberwort und der Slogan hier *Nirgendwo schmeckt Heimat besser.* Außerdem wird betont, es gebe in dieser Gegend eines der weichsten Wasser der Welt. Die Brauerei Alpirsbacher Klosterbräu ist in der vierten Generation in Familienbesitz, gehört dem Verband »Die freien Brauer« an und setzt auf Ökonomie verbunden mit Ökologie.

Manchmal wird zum Bier auch ein Schnäpsle kredenzt, was eine humoristische Pointe hat, denn die Rothaus-Bier-Brauerei soll auch gegründet worden sein mit dem Hintergedanken, den Schwarzwäldern das Schnapssaufen abzugewöhnen. Natürlich handelt es sich meistens um ein echtes Schwarzwälder Kirschwasser, das ja auch der Torte ihren speziellen Geschmack verleiht. Es wird aus schwarzen Schnapskirschen gebrannt, die am besten in der Höhe wachsen. Diese schwarzen kleinen Kirschen schmecken übrigens auch ungeschnapst köstlich. Wenn sie lange hängen durfen, sind sie zuckersüß. Hergestellt wird dieser Schnaps vor allem in kleinen Brennereien, und manchmal nennt man ihn auch heute noch Brentz oder Chriesewässerle, wie es die Bauern in früheren Zeiten taten, als man das Getränk sehr sparsam verwendete und nur zu besonderen Gelegenheiten ausschenkte. Schluck für Schluck genossen, lässt man das Kirschwasser am besten ein wenig im Mund, so kann es sein volles Aroma entwickeln. Besonders in diesem Fall sei folgender Merkspruch beherzigt: *Süepfle, nit suufe!* Den Schwarzwäldern liegt die Brennerei überhaupt im Blut. Dabei sind es nicht allein die Bauern, die sich quasi nebenher, neben der anderen Arbeit, auch noch Schnäpse brennen. Häufig machen die Bäuerinnen diese Arbeit, und glaubt man Rita Witt von der Brennerei Witt in Biberach/Prinzbach, so sind es sowieso die Frauen, die bessere Geschmacksnerven haben und außerdem sauberer arbeiten, geduldiger sind und sich mehr Zeit nehmen, denn die Brennerei ist durchaus eine Kunst, bei der im richtigen Moment das Richtige getan werden muss. Vor allem zwischen Vorlauf und Mittellauf sollte der passende Zeitpunkt des Übergangs »errochen« werden. Wenn man hierbei nachlässig vorgeht, kann es sein, dass wichtige Aromen verschenkt werden. Bei Rita Witt gibt es neben dem Kirschwasser unter anderem Quittenbrand, Zwetschgenwasser, Mirabellenwasser, Mispelbrand, Waldbrombeergeist, Zibärtle, Walnussgeist, Apfelbrand Rubinette, Malzbrand, schwarzen Johannisbergeist, außerdem Liköre aus Sauerkirsche, Himbeere, Pfirsich, Zwetschge, Rhabarber, Schlüsselblume, Löwenzahn, Holunder, Kastanie, Bratapfel, Hutzelbirne, Salbei. Die Phantasie ist weiblich und das Experimentieren offensichtlich auch, und wenn man Rita Witt vor sich hat, ihr zuhört, wie sie über ihre Arbeit spricht, sind die Vorstellungen vom schnapsbrennenden Bäuerlein mit roten Wangen und roter Schnapsnase schnell weggefegt.

Die Aufzählung all der Köstlichkeiten könnte den Eindruck erwecken wollen, es gäbe nur kulinarische Spezialitäten im Schwarzwald. Nein, so ist es bei weitem nicht, denn der Schwarzwald war und ist überhaupt *die* Spezialitäten- und Spezialistenregion Deutschlands. Nirgendwo findet sich eine reichere Palette an besonderen Fähigkeiten, sehr speziellen Sehenswürdigkeiten, genialen Leuten. Manchmal liegen diese Kostbarkeiten versteckt in einem Tal, so wie zum Beispiel die Fröhnder Klopfsäge. Überhaupt Fröhnd: Wer hier nie gewesen ist, dem fehlt ein zauberhafter Teil des Schwarzwaldes. Im Wiesental gelegen, besteht das Dorf aus neun Teilorten. Allein diese Tatsache kann schon als sehr speziell, wenn nicht sogar spezialitätenverdächtig bezeichnet werden. Hier zeigt sich der Schwarzwald von seiner ganz und gar unverfälschten Seite, und auch dass Fröhnd 1998 die Goldmedaille im Wettbewerb »Unser Dorf soll schöner werden«

erhalten hat, bewirkte keine Vergoldung im Sinn von übertreiben oder zeigen, dass man es besser kann als alle. In diesem Fall bedeutet »Unser Dorf soll schöner werden«: Unser Dorf soll es selbst bleiben. Und hier in dieser Landschaft gibt es, als wären der Wunder nicht schon genügend da, besagte Klopfsäge. Es ist die letzte Sägemühle ihrer Art, die an ihrem ursprünglichen Platz zu finden ist: nichts Museales also. 1808 wurde die Fröhnder Klopfsäge erbaut. Bereits ab 1840 gab es fortschrittlichere Sägetechniken, und umso faszinierender ist es, dass ein Exemplar der alten Art heute noch zu besichtigen ist.

Eine der intelligentesten Errungenschaften in der Schwarzwälder Tüftlergeschichte ist die Flößerei gewesen. Am meisten erfahre ich darüber im Flößereimuseum in Gengenbach. Flößer, da denke ich zunächst einmal an Wilhelm Hauffs Märchen *Das Kalte Herz:* Die Flößer *tragen Wämser von dunkler Leinwand, einen handbreiten, grünen Hosenträger über die breite Brust, Beinkleider von schwarzem Leder, aus deren Tasche ein Zollstab von Messing wie ein Ehrenzeichen hervorschaut. Ihr Stolz aber sind ihre Stiefel, die größten wahrscheinlich, die auf irgendeinem Teil der Erde Mode sind, denn sie können zwei Spannen weit über das Knie hinaufgezogen werden, und die Flößer können damit in metertiefem Wasser umherwandeln, ohne sich die Füße nass zu machen.* Es wird auch berichtet, die Flößer seien traurig, wenn sie wieder nach Hause müssten.

Sie brächten ein Stück holländischer Kultur mit in den Wald, indem sie holländisch fluchen und wie die Mynheers aus kölnischen Pfeifen rauchen. Das hört sich abenteuerlich an, riecht weniger nach harter Arbeit als nach relativ leicht verdientem Geld, und wirklich, Hauff erzählt, wie die Heimkommenden mit den Silbertalern nur so um sich warfen. Tatsache ist aber, dass sie kein leichtes Leben hatten, sondern hart arbeiten mussten. Unter den Flößern gab es aber auch diejenigen, die gar nicht bis Holland kamen, sondern die Waren auf den kleinen Flüssen bis zu den großen Rheinflößen hinbrachten. *Die Flößer legten ihre Stämme Zopf neben Zopf und Stock neben Stock, so daß zwangsläufig trapezförmige Floßtafeln, die Gestöre, entstanden. Diese legten sie folgerichtig stets mit der Schmalseite in Fahrtrichtung. Allein eine solche Form und Lage der Gestöre konnte eine relativ sichere Fahrt auf den engen, windungsreichen Gebirgsflüssen garantieren. Diese Grundkonzeption führte nämlich zusammen mit der lockeren Wiedenverbindung (Wiede = gedrehtes, widerstandsfähiges, stabiles, billiges Holzseil, meist aus grünen, schlanken Tannen- oder Fichtenstämmchen, die vor dem Drehen im »Wiedofen« gebäht, d. h. mäßig erhitzt wurden) der einzelnen Gestöre zu einer verhältnismäßig guten Selbststeuerung dieser riesigen, bis zu 600 m langen Holzbänder.* So Otto Schrempp im *Ortenauer Tagblatt* vom 26. August 1990. Da atmet die Laiin erst einmal tief durch. Zum Glück gibt es im Gengenbacher Museum auch einen Film, in dem der Bau eines Floßes gezeigt wird und man vieles besser verstehen lernt, unter anderem, welch hohe Kunst und Kraftanstrengung allein schon das »Wieden« war. Fünfhundert Jahre lang war die Flößerei das Transportmittel Nummer eins für den Holzhandel im Schwarzwald. In Gengenbach wurde die Flößerei erstmals 1339 urkundlich bezeugt. Wie schon erwähnt, wurde Holz bis nach Holland transportiert, und die großen Rheinflöße hatten auch andere Handelswaren geladen. Der Flößerberuf war gefährlich, er erforderte Kraft, Ausdauer, Zähigkeit, Geistesgegenwart und eine ruhige Gemütsart. Es war ein angesehener Beruf, wirklich reich aber konnten nur die Flößer werden, die auf den großen Rheinflößen unterwegs waren, die Kinzigflößer lebten bescheiden.

Natürlich war die Kinzig nicht der einzige Fluss des Schwarzwaldes, auf dem Flöße unterwegs waren. Enz, Pfinz, Nagold und Murg waren ebenfalls wichtige Floßstraßen im Nordschwarzwald. Vor allem aus dem Murgtal hat man Holz in die Niederlande transportiert. Im Kinzigtal bedeutete der Siegeszug der Eisenbahn das Ende der Flößerei. Wenn man über die Entwicklung der Schwarzwaldbahn von der ersten Idee bis zur Ausführung liest, schwirrt einem der Kopf alsbald, denn man bekommt es mit einer Vielzahl an Fachausdrücken zu tun: Spitzkehre, Kehrtunnel, Kopfstation, Schiltachlinie,

Sommeraulinie, Bregtallinie. Und dann ein wichtiger Name: Robert Gerwig, Großherzoglicher Baudirektor, berühmt geworden nicht nur als maßgeblicher Schöpfer der Schwarzwaldbahn, sondern auch bauleitender Ingenieur der Gotthardbahn und der Höllentalbahn.

Der erste Bauabschnitt zwischen Offenburg und Hausach wurde am 2. Juli 1866 eröffnet. Natürlich musste stark eingegriffen werden in die Natur. Wem wirklich klar geworden ist, was für ein Wunderwerk mit dieser Eisenbahnstrecke geschaffen wurde, der wird die Fahrt mit der Schwarzwaldbahn jedes Mal neu genießen, das Buch beiseitelegen, sich ärgern, wenn die Leute auf den Vordersitzen lautstark die ganze Zeit über Steuerersparnisse und die optimale Geldanlage diskutieren, und einfach nur aus dem Fenster schauen, ein wenig träumen vielleicht, sich Gedanken machen über den Fortschritt, der immer bewirkt, dass Wertvolles und Schönes überholt wird.

In den Jahren 1944/45 war der Befehlsstandort des Reichsführers SS Heinrich Himmler ein Eisenbahnzug mit dem Namen Steiermark im Bahnhof Triberg. Nahezu unmöglich war es, ein solches Versteck aus der Luft anzugreifen: Wald, steile Felswände und das enge Gutachtal boten perfekten Schutz. Außerdem konnte solch ein Zug flugs in einem Tunnel verschwinden, was auch bei Fliegerangriffen geschah, noch bevor Sirenenalarm ausgelöst wurde. Himmler wusste natürlich immer rechtzeitig, was in der Luft lag: Der Zug verschwand im Tunnel, die Bahnbediensteten raunten einander zu: »Der Fuchs ist im Bau« und begaben sich in den Luftschutzkeller. Und so wurden inmitten des Schwarzwaldes, in einem Eisenbahnwaggon der Schwarzwaldbahn, grausige Entscheidungen von weltgeschichtlicher Bedeutung gefällt.

Die Schwarzwaldbahn hat den Schwarzwald verändert, ihn dem modernen Zeitmaß angepasst. Für die Reisenden bedeutete es, die zu durchquerende Gegend anders zu sehen. Neben der Schwarzwaldbahn ist es vor allem die Höllentalbahn zwischen Freiburg und Hinterzarten, die mit Superlativen aufzuwarten hat: 625 Höhenmeter werden überwunden, etliche Tunnel durchfahren, und selbst fluggeübte Reisende sind fasziniert, sobald der Zug die Ravennaschlucht überquert. Man hat die Tiefe so direkt unter sich, blickt auf die Felsen und bekommt ein viel genaueres Bild von dem, was passieren würde beim Entgleisen der Bahn, als wenn man im Flugzeug hoch oben über den Wolken schwebt und die Erde schon fast vergessen hat. Der höchstgelegene Bahnhof Deutschlands liegt übrigens auch im Schwarzwald, nämlich in Feldberg-Bärental auf 937 Meter Höhe. In früherer Zeit konnte es sein, dass der Zug im Winter bei Schnee im Höllental irgendwo liegenblieb, und die Reisenden frierend die Nacht verbringen mussten.

Wenn wir schon bei den größten Spezialisten des Schwarzwaldes sind, so dürfen die berühmtesten, und zwar die schon weit vor dem Zeitalter der Globalisierung berühmtesten, nicht fehlen: die Uhrmacher. Dieses Thema übersteigt meinen handwerklich-technischen Horizont, aber ich staune über die vielen Uhrenmodelle, die Schildermalereien, bedenke die Bedeutung, die man einem Ding zumaß, das mit jedem Sekundenschritt an die Vergänglichkeit gemahnt. So ein Uhrmacher in seiner Werkstatt, umgeben von Vergänglichkeit, im Ohr Vergänglichkeit, vor den Augen Vergänglichkeit, und sitzt da ruhig und arbeitet konzentriert an weiteren dieser Zeichen für den unaufhaltsamen Fortgang der Zeit. Egal, in welchem Schwarzwälder Museum man sich befindet, immer wenn man in den Raum mit den Uhren kommt, entsteht dasselbe Gefühl: Schön ist es hier und nachdenklich stimmend. Glashändler sollen sie mitgebracht haben von ihren Reisen, und die Schwarzwälder waren so fasziniert davon, dass sie sie nachmachen wollten. Franz Steyrer, Pater im Kloster St. Peter, schrieb 1796: *Niemand wird in Abrede stellen, dass die Kunst, Uhren zu fertigen, eine der notwendigsten und nützlichsten Künste für Stadt und Leute und alle Vorfälle des menschlichen Lebens sei.* Und der Publizist und Politiker Jakob Venedey sprach 1862 von der Uhrmacherei als einer *Geschichte des Fleißes, des Muthes, der Ehrlichkeit und der Ausdauer.* Etwa um 1640 wurde die erste Schwarzwälder Uhr gebaut. Uneinig ist man sich, ob nun in St. Märgen oder in Waldau. Früher habe man regelrecht darüber gestritten, mittlerweile sei man aber milder geworden. Wenn man sich die Geschichte der Uhrmacherei im Schwarzwald näher anschaut, erweitert sich der Horizont bezüglich einer Meinung über den Charakter der Schwarzwälder gewaltig. Sehr früh schon sind Uhrenhändler in die ganze Welt gezogen, um ihre Ware zu verkaufen. Das Hauptexportland war England, die Händler blieben meist viele Jahre weg von zu Hause. Uhrmacher übergaben ihre Ware den sogenannten Packern, das waren Spediteure, die die Uhren an die Händler schickten, die sie dann verkauften. In England nannte man die Händler »Schwarzwald-Engländer«. In ihren Namen passten sie sich häufig den Ländern ihrer Wahl an. So hatte man es in Barcelona mit einem Eisenbacher Uhrenhändler namens Fernando Wehrle zu tun. Faszinierend auch, wie stark sich Uhrmacher an dem Geschmack ihrer Kunden orientierten und eine extrem hohe Flexibilität zeigten. In Spanien beispielsweise bevorzugten die Käufer dunkle Uhrenschilder, und die Niederländer schätzten Porzellanuhren mit typischen Kennzeichen der niederländischen Landschaft darauf. Seit etwa 1780 wurden Uhren auch nach Russland exportiert. Matthias Faller aus Friedenweiler kam sogar bis ins Osmanische Reich und schenkte dem Sultan Abd ul-Hamid I eine Spieluhr. Daraufhin erlaubte der Sultan Faller, überall im Reich Handel mit den Uhren zu treiben. Allerdings wurde der rege Mann schließlich in Konstantinopel ermordet. Wer noch immer meint, die Schwarzwälder seien eigenbrötlerisch und kämen nicht aus ihrem Nest, der vergisst solcherlei Vorurteile beim Eintauchen in die Geschichte der Uhrmacherei im Schwarzwald ein für alle Mal. Im Gegenteil: Weltgewandt sind sie, die Schwarzwälder, geschickt, flexibel, wendig, zu Abenteuern bereit. *Raus aus dem Kasten* sind sie gegangen, die Schwarzwälder Uhrenmacher und -händler, offen waren sie für Ideen aus aller Welt. Natürlich haben manche der Händler auch ein wenig oder ziemlich heftig angegeben, wenn sie aus fernen Ländern zurückkamen. So soll sich Matthias Faller aus Friedenweiler in *türkischen Kleidern* gezeigt haben und Friedrich Dilger aus Urach soll mit einem *roten Rock französischen Zuschnitts* aufgetreten sein.

Dass die Kuckucksuhr zum Schluss genannt wird, wo sie doch heute in der ganzen Welt als die Schwarzwälder Uhr schlechthin angesehen wird, hat einen guten Grund: Erstens weiß man nicht einmal sicher, ob die Kuckucksuhr im Schwarzwald erfunden wurde, und zweitens war sie keineswegs die am meisten verkaufte Schwarzwälder Uhr. Die erste Nachricht über ein solches Uhrenmeisterwerk stammt aus Dresden, wohin es im Jahr 1629 einen Augsburger namens Philipp Hainhofer verschlägt: *Ain schönes weis- und schlag uhrwerck, darin der guguk, mit seinem schnabel und geschrey die viertelstunden andeutet ...,* so schrieb der Reisende nach Hause. Erst in der zweiten Hälfte des neunzehnten Jahrhunderts begann der große Rummel um die Kuckucksuhr, ihr Ruf bleibt eng verbunden mit allem, wofür der Schwarzwald in der Welt steht: Heimat, heile Welt, Wälderglückseligkeit. Die Kuckucksuhr dient als Souvenir, Werbegeschenk, Andenken: Selbst amerikanische Soldaten brachten sie in den fünfziger Jahren ihren Lieben aus dem fernen Deutschland mit: der Schwarzwald als Kunstprodukt.

Ein Kunstprodukt ganz anderer Art, nämlich gerade gar nicht künstlich, ist für mich das Universal Motor-Gerät, genannt Unimog. Zuerst war da die Faszination des Wortes, dann die Faszination des Dinges selbst, und dem Technischen vorgelagert war für mich von Anfang an das Ästhetische. Der Unimog hat mich die Kindheit hindurch begleitet, auf Feld und Acker habe ich ihn gesehen und fand ihn trotz seiner ungeheuren Stärke einfach anmutig. Jetzt, bei einem Besuch im Gaggenauer Unimog-Museum, hat sich dieser Eindruck erneuert. Vielleicht liegt es daran, dass hier ein technisch hochwertiges Gerät mit einer Art liebevoller, feinsinniger Intelligenz entwickelt wurde, mit einem Sinn für die Verbindung von Funktionalem und Ästhetischem.

Mir war immer klar, wenn ich über den Schwarzwald schreibe und wenn es mein Schwarzwaldbuch werden soll, dann darf der Unimog nicht fehlen. Und jetzt, am Schreibtisch, könnte ich dem Computer eins über die Tasten geben, dass er mir das Wort jedes Mal rot unterschlängelt, der dumme Kerl.

Im Museum frage ich den Führer, Herrn Kaufmann, ob es denn hauptsächlich Männer seien, die hierherkämen, was er verneint und hinzufügt, dass der Blick der Frauen auf solch technische Meisterwerke ja gerade auch interessant sei. Natürlich bin ich höchst beglückt darüber, hatte ich doch ein wenig Sorge gehabt, als Exotin angesehen zu werden, der man eigentlich nicht zutraut, sich in einem Museum für schweres Gerät umzusehen. Diese Sorge hätte ich mir sparen können, denn bereits im Flyer wirbt das Museum damit, dass hier *mehr als Technik* zu erleben sei. Die Tochter des Erfinders Albert Friedrich taufte im Dezember 1946 das erste Fahrzeug auf den Namen Unimog. Außerdem wechselten die Gebrüder Böhringer, bei denen die erste Produktionsstätte des Unimog war, später das Produkt und stellten fortan Damenstrümpfe her. Und einmal hat mir eine begeisterte Reiterin erzählt, sie kenne ein Pferd, das auf den Namen Unimog getauft wurde!

Dass mich gerade das Technische an jenem Nachmittag im Gaggenauer Museum so fasziniert, liegt vor allem auch an der überaus kompetenten, sachlichen ruhigen Art, in der mich Herr Kaufmann einführt in die Finessen der verschiedenen Unimog-Modelle. Keine Minute bin ich unkonzentriert, im Gegenteil, ich hätte noch länger zuhören können. Ich schnappe Fachausdrücke auf, Wörter, die ich gehört habe, wenn ich in der Autowerkstatt meines Vaters war: Grundgänge, Arbeitsgänge, Kriechgänge, Getriebe und Wandler, Hubkolbenmotor, Portalbauweise, Scheibenbremsen, Trommelbremsen, Dreipunktgestänge, Verwindungsfähigkeit. Bis 1953 war das Unimog-Logo ein Ochsenkopf, der dann durch den Mercedesstern abgelöst wurde. Neuschwanstein, Bundeswehr, Südafrika, Australien, Berliner Stadtwerke, Feuerwehr Häusern und Schweizer Armee: aus dem Schwarzwald in die weite Welt.

Die Krönung meines Besuchs im Unimog-Museum ist aber die Fahrt im Gelände mit einem echten Unimog. Der Fahrer weist gleich zu Anfang schmunzelnd darauf hin, dass es auf jeden Fall ein »Überlebensgehäuse« gebe. Nach der Fahrt ist mir klar, dass ich jetzt geeicht bin für Abenteuertouren in schwierigstem Gelände.

Nach meinem Besuch im Museum fahre ich noch weiter in das Zentrum Gaggenaus und erlebe weitere Superlative: Im Café sitzt ein alter Herr, der auf die Frage der Bedienung, ob es das Gleiche sein dürfe wie immer, mit einem deutlichen »Ja« antwortet und seine Kuchengabel bald darauf beglückt in ein Stück Schwarzwälder Kirschtorte mit Sahne extra sinken lassen kann. Und später erzählt mir jemand, in Gaggenau gäbe es so viele Ampeln wie in ganz New York nicht! Und eine Buchhändlerin meint auf meine Frage, ob der typische Gaggenauer Mensch eher gesellig oder vielleicht eigenbrötlerisch sei: »Jeder Gaggenauer ist in einem Verein!«

Süddeutschland wird immer wieder in Verbindung gebracht mit der Toskana. Die Toskana Deutschlands, heißt es oft, sei diese Gegend. Es sei dahingestellt, ob dieser Vergleich sinnvoll ist oder nicht. Eine Verbindung besteht auf jeden Fall zwischen diesen beiden Landstrichen: Die Spezialität des Strohflechtens fand den Weg über die Alpen hierher. Der Triberger Obervogt Huber ließ um 1800, die Schwarzwälder Bevölkerung hungerte, einen Strohflechter aus der Toskana zu sich kommen, um die feine italienische Strohflechttechnik zu erlernen und weiterzugeben. Mit seiner Frau zusammen wanderte der Vogt über die Dörfer, um die Leute davon zu überzeugen, dass sich mit der Strohflechterei Geld verdienen ließe. Ein anderer findiger Schwarzwälder, Jakob Weiser aus Schönwald, erfand eine Methode, wie man das Stroh mit Schwefel bleichen konnte. Von nun an ging es bergauf mit diesem Handwerk im Schwarzwald, der Handel mit dem Ausland florierte, man exportierte nach Frankreich, die Niederlande und bis Russland. Auch hier wieder zeigt sich der Schwarzwald als eine Art Exportweltmeister. In vielen Orten gab es Flechtschulen. In der Furtwanger Tracht hat sich der Schwefelhut bis heute erhalten. Und wie in der Uhrmacherkunst waren es vor allem Importe aus China und Japan, die dem Flechthandwerk um die Wende vom neunzehnten zum zwanzigsten Jahrhundert den Garaus machten.

Ebenfalls um 1900 war im Schwarzwald Schluss mit den Glashütten. Das lag daran, dass es nicht mehr genügend Brennholz gab, und außerdem lagen die Glashütten zu weit entfernt von den wichtigen Verkehrsadern. Die Höllentalbahn wurde zu spät gebaut, um die Glasmacherei noch zu retten. Ein dritter Faktor war die industrielle Fertigung von Soda, das die Pottasche ersetzte. Davon erzählt mir Dirk Bürklin, Glasmacher in Herrischried-Großherrischwand im Hotzenwald. Bürklin arbeitet mit dem Ofen, nicht mit der Lampe. Er selbst bezeichnet sich als Glasmacher und betont, dies sei ein Kunsthandwerk und er sei kein Künstler, sondern ein Kunsthandwerker. Vor 22 Jahren hat er die Liebe entdeckt zu dem Stoff, aus dem seither seine Träume sind. Biegsam und formbar, aber dann auch hart und fest und nur durch äußere Gewaltanwendung zu zerstören. In Ruhe gelassen, übersteht Glas die Jahrhunderte. Bürklin spricht von einem *verrückten Material*, flüssig heiß wie die Hölle, dann hart und transparent. Vieles sei überhaupt nicht kalkulierbar, zum Beispiel wie die Farben letztlich beim fertigen Glasprodukt herauskommen. Mit der Ausbildung sei es nicht einfach gewesen, denn im Unterschied zu vielen anderen Ländern, vor allem skandinavischen, gebe es in Deutschland nur eine einzige Berufsschule für Glasmacherei, und die sei in Zwiesel. In Wolfach hat Bürklin dann eine Lehre absolviert. Vor sechzehn Jahren machte er sich selbstständig und seither lebt er von der Glasmacherei. Auf meine Frage, ob es bestimmte charakterliche Merkmale gebe, die die Glasmacher ausmachen, meint er, gesellig seien sie, auch eher ein wenig lauter. Impulsiv müssten sie sein, denn bei dieser Arbeit könne man nicht lange überlegen. Im Gegensatz zu den Glasschleifern, die eher »graue Mäuse« seien, hätten die Glasmacher oft etwas »Showmäßiges«. Am Ofen arbeitet man selten allein, vieles lässt sich nur zu zweit bewerkstelligen. Faszinierend war es, ihm direkt bei der Arbeit zuzuschauen. Innen im Ofen die Glut, eine Art Höllenfeuer, draußen dann die Arbeit am Material, sichtbar, und das Ganze eine Mischung aus geheim und öffentlich, aus Magie und Handwerk. Die Glasmacher kamen von überall her. Sie bildeten eine Gemeinde für sich, lebten zusammen, bis der Wald, den sie brauchten, abgeholzt war. Dann wanderten sie weiter, ließen weite kahle Flächen zurück, auf denen sich Dörfer ansiedelten. Ortsnamen wie Altglashütten und Neuglashütten zeugen vom Wandercharakter der Glasmacher. Als ich Bürklin bei der Arbeit zusah, die mir ein wenig wie ein Tanz vor dem Feuer vorkam, konnte ich die Faszination, die diese Arbeit noch immer auf ihn ausübt, an seinem Gesicht ablesen. In der Konzentration hat es etwas von dem Hellen und Warmen des Ofens.

Nicht nur die Glasmacher gehörten in früheren Jahrhunderten zur wandernden Zunft: Bis in die dreißiger Jahre des zwanzigsten Jahrhunderts wurden Gegenstände des täglichen Bedarfs auf den Höfen von wandernden Handwerkern geschaffen. Man nannte sie Störhandwerker. Etymologisch kommt Stör von starren, stelzen, und auch der Storch hat im Umlaut die gleiche Wurzel. Es wird den Störhandwerkern auch nachgesagt, sie seien stelzend wie Störche durch die Gegend gezogen, aber ob das zutrifft, ist mehr als zweifelhaft. Bis zur Aufhebung der Zünfte 1862 handelte es sich um ein unter Strafe verbotenes Gewerbe. Interessant ist auch der kommunikative Zweck, den die Störhandwerker erfüllten. Indem sie von Hof zu Hof wanderten, eine Zeitlang blieben, kam ihnen so dies und das zu Ohren und sie waren so etwas wie wandernde Nachrichtenblätter, wenn man boshaft ist, könnte man auch sagen, sie sorgten für Klatsch und Tratsch. Vor allem Schuhmacher, Näherinnen und Schneider, Korbmacher und Sattler waren unterwegs, denn für all diese

Tätigkeiten war neben der Arbeit auf dem Acker und im Stall keine Zeit. Sogar Näharbeiten ließen die Bäuerinnen andere machen. Dass für ein Schwätzchen nebenbei dann doch ein wenig Zeit übrig war, darf angenommen werden. Das Leben auf den Höfen war einsam.

Womit wir bei einem Thema wären, das bis heute eine große Anziehungskraft hat: die sehr besondere Bauweise der Höfe des Schwarzwaldes und die Art und Weise, wie sie bewohnt und bewirtschaftet wurden. Die ältesten uns bekannten Schwarzwaldhäuser stammen aus dem sechzehnten Jahrhundert. Interessant ist das Erbrecht, das auf den Höfen galt: Im mittleren Schwarzwald wurden sie entweder an den jüngsten Sohn, den »Hofengel«, oder an die älteste noch unverheiratete Tochter vererbt, im nördlichen und südlichen Schwarzwald galt die Realteilung.

Bei den Höfen im Schwarzwald handelt es sich um Eindachhäuser: Wohnraum, Ställe und Lagerraum sind in einem Gebäude. Deutlich wird, wie sehr die einzelnen Typen der jeweiligen Landschaft angepasst wurden. Im Freilichtmuseum Vogtsbauernhof in Gutach sind zu besichtigen: das Hotzenwaldhaus, der Falkenhof aus Buchenbach-Falkensteig, das Schauinslandhaus, der Hippenseppenhof aus Furtwangen, der Kinzigtäler Lorenzenhof und natürlich der Vogtsbauernhof selbst. Die Schwarzwaldhöfe sind in die Landschaft eingebettet, als stünden sie schon immer da, im Inneren der Höfe bewegt man sich ganz natürlich von Raum zu Raum, bekommt überhaupt einen starken Eindruck vom Räumlichen, von den Lichtverhältnissen, kurzum vom Atmosphärischen. Da all diese Häuser keine Kamine besitzen, sondern Rauchküchen, habe ich bald schon den Rauchgeruch in der Nase, und er begleitet mich noch, nachdem ich das Museum längst wieder verlassen habe.

Als Kind waren sie mir immer ein wenig unheimlich, die Höfe. Diese weit herunterreichenden Dächer, die kleinen Fenster, hinter denen sich manchmal ein Gesicht zeigte, die niederen Räume, in die wenig Licht fällt. Auch jetzt beim Wiederentdecken, beim Umhergehen erneuert sich der Eindruck: Es ist mir zu wenig Licht. Wenn ich als Kind in eines dieser Häuser trat, sehr oft waren es Gasthäuser, war mir immer mulmig zumute. Ich konnte mir nicht vorstellen, wie man hier Tag und Nacht sein konnte, auch im Winter, wenn es fast den ganzen Tag nicht hell wird. Aber diese Häuser wurden ja vor allem nach Gesichtspunkten der Funktionalität gebaut, und den größten Teil der Zeit verbrachten die Bewohner bei der Arbeit. Man saß nicht in einer Ecke, um zu lesen. Die gesamte Großfamilie wohnte auf solch einem Hof mit dem Gesinde. Hinzu kamen die Witterungsverhältnisse, die sich in der Bauweise niedergeschlagen haben. Nehmen wir zum Beispiel das Hotzenwaldhaus. Diese Häuser haben ihren Platz an Berghängen oder auf windigen Plateauhöhen. Es gibt reichlich Niederschlag. Die Außenwand ist aus Stein, der Hauskörper aus Holz. Der Wirtschaftsbereich liegt an der Wetterseite, der Wohnbereich dahinter. Klar, dass es da zu Lichtmangel kommen kann. Im Sommer allerdings wurden Fenster herausgenommen, damit Luft und Licht ins Haus kamen.

Und wie stand es mit dem sozialen Miteinander auf dem Hof? Da genügt schon ein Blick auf die Sitzordnung bei den Mahlzeiten. Den Überblick musste natürlich der Bauer haben, deshalb saß er am oberen Ende des Tisches. Er war es auch, der sich zuerst vom Essen nahm und mit dem Niederlegen seines Löffels die Mahlzeit für alle beendete. Ebenso war er es, der bestimmte, wann geredet wurde und wann geschwiegen. Rechts vom Bauern saßen Oberknecht, Unterknecht und die Buben, auf der langen Bank vor dem Tisch Obermagd, Untermagd und die Mädchen. Die Bäuerin saß, wenn sie Glück hatte, neben dem Bauern, sonst eben am unteren Ende des Tisches. Bäuerinnen früherer Zeiten wurden verheiratet, ihre Männer waren die Herren auf dem Hof, sie hatten meistens ihre Schwiegereltern in unmittelbarer Nähe, wenn sie menstruierten, durften sie zwar arbeiten, sich aber nicht waschen. Und solange sie nicht verheiratet waren, wurden sie wie Mägde gehalten. Das ist heute anders, aber die Arbeit bleibt, trotz der Maschinen. Es sind sogar noch neue Arbeitsbereiche dazugekommen, zum Beispiel Feriengäste zu beherbergen. Das Zusammenleben ist freier als früher, die Vorherrschaft der Männer längst nicht mehr so groß. Trotzdem erzählt Inge Jockers in ihrer Broschüre *Frauen auf dem Schwarzwaldhof*, dass es fast ausschließlich ältere Frauen, meistens sogar Witwen waren, die sich für Gespräche zur Verfügung stellten, die anderen haben noch immer Angst vor der Reaktion ihrer Männer. Einer Frau hatte der Mann sogar verboten, auf Fragen zu antworten, er war der Meinung, sie rede zu viel.

Ein Brocken im wahrsten Sinn des Wortes steht mir noch bevor: *Archäologische Funde haben ergeben, dass der Bergbau in unserem Gebiet bis in die keltische und römische Zeit zurückreicht. … Ein systematischer Bergbau im Schwarzwald begann mit der Besiedelung des Gebietes um das Jahr 1000.* So Dieter Hund in seinem Buch über Gewerbe und Handwerk im Schwarzwald. Ich hatte mir vorgenommen, nur über das zu schreiben, was ich mit eigenen Augen, Ohren, Händen und Füßen sehen, hören, riechen, tasten, erwandern konnte. Der Bergbau als echte Schwarzwälder Spezialität muss erfahren werden, aber, und damit bin ich beim springenden Punkt angelangt: Eine Vorerfahrung habe ich bereits, es ist die der Angst vor zu viel Enge, vor dem Hinabgleiten in einen Stollen, das Gefühl, der eigenen Beerdigung beizuwohnen. Der Hoffnungsstollen in Todtmoos bietet auch im Winterhalbjahr Führungen an.

Hoffnungsstollen, das hört sich gut an, nicht nach zu tief, nicht nach zu eng.

Zwei Tage vorher muss ich nach Frankfurt am Main. Wer sich in Frankfurt fortbewegen will, benutzt die U-Bahn. Seltsamerweise habe ich in diesem Fall unter der Erde nicht die Angst, die ich vor dem Bergwerk habe, obwohl die U-Bahn-Schächte etwas Gruseliges ausstrahlen und vor allem die Tunnel in ihrer Enge diffuse Ängste hervorrufen könnten. Vielleicht liegt es daran, dass diese Bahnen voller Menschen sind. Diesmal hat sich ein seltsames Paar auf den Sitzen gegenüber niedergelassen: eine steinalte Frau mit gefärbten Haaren und ein älterer Mann, Mutter und Sohn, schätze ich. Die Mienen unbewegt bis mürrisch, die Frau dünne kohlrabenschwarze Augenbrauen, sie lehnt sich an den Jüngeren, der diesen undefinierbaren Blick eines im Leben Zu-kurz-Gekommenen hat.

Die beiden Gesichter kriege ich nicht mehr los, sie sind noch in meinem Kopf, als ich an einem Januarsamstag nach Todtmoos fahre. Trotz Tauwetter liegt noch ordentlich Schnee auf der Höhe, eine gute Fernsicht, und kurz vor Todtmoos, genauer in Todtmoos-Strick, wieder dieses Schild, das mir auf einer früheren Fahrt schon auffiel: Lichtquell-Seminare. Die Heilsbringerspezialisten sind hier am Werk. Meditation und Fleischlosigkeit und die Aura eines von Leben und Liebe erfüllten Meisters sollen zur Klärung bohrender Lebensfragen beitragen beziehungsweise diese gleich ganz beseitigen. Vielleicht sollte der offensichtlich zu kurz gekommene Herr aus der U-Bahn einmal nach Todtmoos-Strick kommen, ohne die Alte mit den dünnen Lippen und den dünnen Augenbrauen: Leben und Liebe und die gute Luft auf den Höhen des Schwarzwaldes als Alternative zum täglichen Dahinsiechen auf den Sitzen der Frankfurter U-Bahn. Alles nur Flucht, was ich mir jetzt, kurz vor dem eigentlichen Ziel, ausmale, Flucht vor dem, was unweigerlich immer näher kommt: das Bergwerk Aber noch ist es nicht ganz so weit, denn vor dem Rathaus soll ich mich ja einfinden, was bedeutet, dass ich zunächst einmal das Dorf selbst anfahre. Eine Stunde bleibt mir bis zum Treffen mit meinem Bergwerksführer, und ich besuche die wunderschöne barocke Pfarr- und Wallfahrtskirche Mariä Himmelfahrt: *Nebel und giftige Dämpfe wallten noch durch das »Tote Moos«, als die Gottesmutter 1255 dem Leutpriester Dietrich von Rickenbach erschienen sei und ihn bedrängt habe, in das Waldgebiet vorzudringen. Auf dem Schönbühl zwischen Wehra und Todtenbach möge er eine hölzerne Kapelle bauen. Wundersam mit einem Kreuz bezeichnet, sei der Raum zu erkennen gewesen, an dessen Stelle das Kirchlein entstehen sollte.* So die Gründungslegende. Beim Betreten des weiten Kirchenraums stellt sich ein Gefühl des Geborgenseins ein. Gern würde ich ein wenig länger sitzen bleiben unter dem lieblichen Blick der Madonna und am liebsten hätte ich es, wenn einer die Orgel spielte, aber ein penetrantes Staubsaugergeräusch führt dazu, dass ich den Kirchenraum schnell wieder verlasse.

Hans-Dieter Folles kommt mir vor dem Rathaus entgegen. Er trägt eine Fellmütze, hat einen Rauschebart und sehr lange Haare. Beim Lachen verengen sich seine Augen hinter der Brille zu Schlitzen, und dass er viel lacht, ist mir von Anfang an klar. Eine kleine Gnadenfrist fürs Bergwerk gibt mir Herr Folles: Wir besuchen zuerst das Heimatmuseum, eine Fundgrube in Hinsicht Spezialisten und Spezialitäten: Nickelschürfer, Serpentinschleifer, Vitriolsieder, dann bedeutende Einzelpersonen, wie zum Beispiel der Turbinenbauer Seraphin Gehri oder der Bürstenfabrikant Mayer. Es ist nach den vielen Tagen mit hartem Frost eiskalt im Haus, und ich friere gottserbärmlich, obwohl ich warme Kleidung anhabe.

Doch dann gibt es kein Zurück mehr: Ich stehe in der Eingangshalle des Schaubergwerks Hoffnungsstollen, dessen Bergbauzeiten zwischen 1798 und 1937 liegen. Es gebe »nichts Spektakuläres« zu sehen, erklärt Herr Folles, nachdem ich den Helm aufgesetzt habe und wir gemeinsam in den Stollen hineingehen. Aber allein die Vorstellung, sich unter der Erdoberfläche zu bewegen, erscheint mir spektakulär genug. Der Stollen diente im achtzehnten und neunzehnten Jahrhundert der Gewinnung von

Kieselerzen zur Vitriol-, Alaun- und Schwefelsäureherstellung. Im zwanzigsten Jahrhundert hat man nach nickelhaltigem Magnetkies zur Stahlveredelung gesucht. Ich wusste bisher nur, dass es Nickelallergien gibt, vor allem, wenn man Schmuck aus diesem Material am Körper trägt. Dabei wurde das Metall in seiner eisenveredelnden Eigenschaft schon sehr früh verwendet, so zum Beispiel bei Schwertern, bei denen man, wenn es sich um Prachtexemplare handelte, davon sprach, sie seien *vom Himmel gefallen*. Das hatte damit zu tun, dass Trümmer, die aus dem All auf die Erde fallen, einen hohen Nickelanteil aufweisen. Als eigenständiges Metall wurde Nickel erst im Jahr 1751 entdeckt. Zunächst war das Wort Nickel eine Beschimpfung, weil die Bergleute glaubten, Kupfer entdeckt zu haben, dann jedoch eines Besseren belehrt wurden und zunächst nichts anzufangen wussten mit dem sonderbaren Material. Sie glaubten, Kobolde hätten sie täuschen wollen. Außerdem ist Nickel eine Abkürzung für Nikolaus.

Beim Gang durch die Grube habe ich immer wieder den Eindruck, dass da etwas ist, was nicht auf den ersten Blick glänzt, einem sogleich ein *Oh* oder *Ah* entlockt, und doch auf eine zurückhaltendere Weise Erstaunen hervorruft. Immer wieder entdecke ich sogar Glimmer, und der leuchtet umso mehr, weil man es nicht erwartet. Dies Unspektakuläre hat einen ganz eigenen Zauber.

Das Thema Bergwerk hat an diesem denkwürdigen Samstag in Todtmoos begonnen, mich zu faszinieren. Es kann also durchaus sein, dass ich in den nächsten Jahren in den einen oder anderen Stollen einziehen werde, deren Namen allein schon phantastisch klingen: der Hella-Glück-Stollen bei Calw, Himmlisch Heer im Kreis Freudenstadt, Segen Gottes in der Nähe von Haslach, Teufelsgrund südöstlich von Untermünstertal, Finstergrund südöstlich von Wieden. Drei Bergwerke, in denen Silbererze abgebaut wurden, haben richtige Menschennamen: Wenzel bei Oberwolfach, Caroline bei Sexau und Erich bei Suggental.

## 5.

## »Mädle aus dem schwarzen Wald«

Einen Onkel aus Schwaben verbinde ich bis heute mit einem bestimmten Spruch:

*Mädle aus dem schwarzen Wald,*
*Die sind nicht leicht zu habe!*
*Nur ein Schwabe hat die Gabe,*
*Stiehlt ins Herz sich bald.*

Lange dachte ich, der Onkel habe die Verse selbst gedichtet. Erst sehr viel später erfuhr ich, dass es Textzeilen aus einer Operette sind. Das Mädchen mit dem Bollenhut gehörte zum Alltag, es war präsent durch die Werbung, ich sah es auf der Bühne, zum Beispiel wenn die Schwarzwaldfamilie Seitz auftrat mit ihren volkstümlichen Liedern und natürlich in Schwarzwälder Tracht.

So waren die Bilder zum Schwarzwaldmädel viel bestimmter als die Assoziationen, die sich einstellten bei Worten wie Unimog, worunter ich mir eine Art pelziges

Tier vorstellte, oder Metzelsuppe. Es war von Anfang an ein Bild, mit dem die anderen auch etwas anfangen konnten. Jeder, der das Wort Schwarzwaldmädel hört, stellt sich das Mädchen mit dem Bollenhut vor. Es sieht schön aus und lächelt. Dabei fragt man sich, ob das enge Mieder dem Mädchen nicht ein wenig die Luft abschnürt, und in der Tat gab es am Anfang des zwanzigsten Jahrhunderts Gutachten von Ärzten bezüglich einer durchaus im Bereich des Möglichen liegenden Gesundheitsgefährdung der Frau durch die Tracht. Es hieß, das Mieder begünstige den »Hängebusen«. Das Kleid hingegen sei zu weit und ohne entsprechende »Unterbeinkleider« könne es leicht zu einer Verkühlung des Unterleibs kommen. Das Mädchen auf den Postkarten scheint solcherlei Sorgen nicht zu kennen. Außerdem denkt man im Schlaf nicht daran, dass das Schwarzwaldmädel einmal alt werden könnte, es hat jung und adrett zu bleiben und gefälligst sein Lächeln nicht einzubüßen.

Dass die Tracht mit dem Bollenhut keineswegs im gesamten Schwarzwald getragen wird, wusste ich lange nicht: Drei Orte im Mittleren Schwarzwald sind es, in denen diese Kleidung zu Hause ist, und sie liegen dicht beieinander: Gutach im Kinzigtal und die Nachbarorte Reichenbach und Kirnbach. Was aber nicht aus dem Gutachtal kommt, ist der Name Schwarzwaldmädel. Das geht auch gar nicht, denn wo bitte gibt es im Schwarzwald Mädels?

Es gibt auch keine »Mädle«, es gibt »Maidli«. Ob man es glauben will oder nicht, das Schwarzwaldmädel ist ein Kunstprodukt, ist dem Kopf eines bestimmten Mannes entsprungen: August Neidhart (1867–1934) Operettenautor aus Österreich. Nur einmal war er im Schwarzwald, aber auch dieses eine Mal hat er sich nicht einfach umgeschaut oder vor Ort recherchiert, sondern bezog sich bei seiner Arbeit vor allem auf die Bücher, die er bei sich hatte: *Schwarzwälder Dorfgeschichten* von Bertold Auerbach und Dramen der Bestsellertheaterautorin Charlotte Birch-Pfeiffer. Nun musste aber auch noch einer her, der die Musik zum Text schreiben konnte. Léon Jessel aus Stettin komponierte die passenden Töne. Uraufführung ist am 25. April 1917 an der Komischen Oper Berlin. Berlin, das ist die große weite Welt, das ist Kultur, pulsierendes Leben, aber die Stadt strengt auch an, sie macht müde, sie überflutet einen mit Eindrücken, versteckt die hässlichen Dinge nicht. Im Schwarzwald kann man sich neu sammeln, ausruhen, die Schönheit der Landschaft genießen. Und genau danach sehnen sich die Berliner im dritten Jahr des Krieges. Das Theater, die Operette ersetzt die wirkliche Reise. Die *Schwarzwaldmädel*-Aufführungen sind drei Jahre lang ausverkauft, und die Operette tritt von Berlin aus den Siegeszug an weit über die Grenzen Deutschlands hinaus, bis nach New York.

Melodien und Text vermitteln nie und nimmer das

Gefühl, etwas vom Schwarzwald zu erfahren. Es hört sich an nach Wien, nach Walzerseligkeit, Séparée, schnittigen Burschen und feschen Damen. Mitten im Krieg hatten die Menschen offenbar Sehnsucht nach einem Ort, abgeschlossen, weit weg von der Großstadt, heil und fast unberührt, an dem die Geschichten gut ausgehen, das Privatleben im Mittelpunkt steht und nicht die große Politik. Und dazu passt natürlich zudem wunderbar, dass die Hauptperson, das Bärbele, ein Waisenkind ist, vom Dorfkapellmeister aufgezogen und innig geliebt.

1920 dann wird der Stoff zum ersten Mal verfilmt, 1929 zum zweiten Mal. Ein paar Szenen werden im Schwarzwald gedreht, wobei das Bärbele der zweiten Verfilmung eine Elsässer Tracht trägt und den Schwarzwald für eine Weile hinter sich lässt, zuerst nach Berlin und dann nach Paris reist, aber schließlich doch in die Heimat zurückkehrt. Besonders interessant ist einer der Drehorte dieser zweiten Verfilmung: Hirsau. Im Kurhotel Hirsau quartierten sich 1929 die Schauspielerinnen, Schauspieler, Regisseur und Kameraleute ein. Die *Kurzeitung* schrieb: *Die Filmgesellschaft Merkur in Berlin ist zur Zeit mit der Ausarbeitung eines neuen Films, betitelt »Schwarzwaldmädel«, beschäftigt. Den landschaftlichen Hintergrund hierzu bilden Naturaufnahmen aus Bad Liebenzell, Triberg und insbesondere aus Hirsau. Von letzterem kommen hauptsächlich Kurpark, Kloster, Kurhotel und Schweinbachtal in Betracht.*

Auch das *Calwer Tagblatt* wusste einiges zu berichten von dieser schier unglaublichen Neuigkeit: *In Schlangenwindungen steigt die Straße bergan, die mitten durch herrlichsten Schwarzwald von Hirsau nach Oberreichenbach hinaufführt. Plötzlich Halt! Irgend jemand bittet uns freundlich, einen Augenblick zu warten, da vorne werde eben gefilmt. Richtig, kaum 50 Meter vor uns an der Straßenbiegung steht ein Kurbelmann. Ein reizendes Schwarzwaldmädel in farbiger Tracht huscht vor der Kamera über die Straße.* Herrlich, reizend, schön, so heißen die Attribute, die dem Schwarzwald und seinem Mädel wie seit Ewigkeiten zugewiesen werden.

Und so kann es passieren, dass man im Sommer 2008 durch Magdeburg geht und plötzlich verdutzt vor einer Plakatwand stehen bleibt: Ein fescher Bursche lacht einem von einem der Plakate entgegen, an seiner Seite ein wunderschönes Mädchen mit Bollenhut. Angekündigt eine Aufführung von *Schwarzwaldmädel* auf der Seebühne im Elbauenpark. Es handelt sich um ein Gastspiel des Wiener Operettentheaters. Bei der Ticket-Vorverkaufsstelle wird auch noch genauer ausgeführt, worum es sich beim *Schwarzwaldmädel* handelt: *Schwarzwaldromantik gepaart mit Liebesgeschichten und Musik.*

Manchmal ist es reduziert auf den Bollenhut, das Schwarzwaldmädel, aber selbst in dieser reduzierten Gestalt bürgt es noch für Treue, Stabilität, steht für eine

Welt vor dem allgemeinen Wertezerfall. Ob es um Milch, Wein, Nudeln oder Schinken geht: Das Mädel bringt die Ware in stets zuverlässiger Qualität auf den Tisch. Mehr noch als beim Bärenmarken-Bär oder dem Salamanderschuh-Lurchi entfaltet das Bild hier einen weiten Horizont, es heimatet ganz entschieden und wesentlich. Wer eine solche Milch trinkt, solche Nudeln, einen solchen Schinken isst, kommt zu Hause an, wird wenigstens für diese Essenszeit kein Gefühl des Fremdseins auf der Welt kennen. Heimat, das ist das eine Mal eine Gestalt, ein anderes Mal ein Gesicht oder eben nur ein Hut. Im Genießen bleibt die Zeit stehen, alle Zeichen stehen auf Jugend, Schönheit, Farbe, und nichts kann einem passieren. Die alltägliche Hektik ist vergessen, der fordernde, quälende Zeitgeist hat sich zurückgezogen.

Selbstverständlich gibt es auch noch weitere Möglichkeiten, sich über den Schwarzwald ins Bild zu setzen, damit man irgendwann auch wirklich ein grundsätzliches und ewigkeitsmäßiges Heimatgefühl entwickelt. Zwischen 1985 und 1989 wurde im Schwarzwald die erfolgreichste Fernseharztserie aller Zeiten produziert: *Die Schwarzwaldklinik*, und wenn es nach dem Schwarzwaldklinik-Fanclub ginge, würde sie auch heute noch produziert werden. Die Außenaufnahmen wurden an insgesamt 31 Orten des Schwarzwaldes gemacht, die Innenaufnahmen allesamt im Studio in Hamburg. Die Außenaufnahmen für die Klinik selbst machte man im Glottertal. Bis heute pilgern Leute dorthin und wollen das Gebäude von innen sehen, das seit 2004 leersteht und in dem es nie einen Operationssaal gab. Trotz der vielen Drehorte, zum Beispiel Grafenhausen, Titisee oder Münstertal-Stohren, entsteht der Eindruck, alles läge sehr nah beieinander. Im Schwarzwald ist eben jeder Ort, jede Wiese, jedes Feld purer Schwarzwald und nichts sonst. Überall ist der Schwarzwald Heimat, warum also nicht künstlich eine Art Ortlosigkeit schaffen, ein Überall und Nirgends, eine Wohlfühloase an sich, in der die Menschen mit ihren Problemen und Sorgen ein für alle Mal gerettet und aufgehoben sind? Wie das *Schwarzwaldmädel* in Operette und Film wurde übrigens auch die *Schwarzwaldklinik* exportiert, und zwar in insgesamt 38 Länder.

Und so geistern Bilder des Schwarzwaldes durch die Welt, Bilder, die versuchen, das festzuhalten, was sehr viele Menschen als ihre Grundsehnsucht definieren würden: Heimat, Geborgenheit, Sicherheit, Ruhe. Egal, ob diese Bilder auf der Bühne, im Film oder im Fernsehen auftauchen, immer haben sie eine Art Ewigkeitscharakter, vermitteln das Gefühl, es gäbe ein Geheiltsein für alle Zeit.

Nicht ganz so einfach ist es mit den Bildern, die Maler vom Schwarzwald geschaffen haben. Aber auch hier gibt es Vertreter, die mitgewirkt haben am heilen, gesunden, reinen Bild des Schwarzwaldes. Sehr schnell, fast schlagartig, könnte man sagen, stellt sich das Heimatgefühl im Sinn von Heilseinsgefühl im Schwarzwald bei einem Maler her, der 1880 zum ersten Mal in diese Gegend kam, und zwar nach Gutach: Wilhelm Hasemann. Anlass war der Wunsch des Schwarzwalddichters Auerbach, Hasemann als Illustrator für seine Erzählung *Lotte, die Frau des Professors* zu engagieren. Das könne er nicht versprechen, so die Reaktion des Malers, denn er kenne den Schwarzwald ja noch gar nicht, seine landschaftlichen Eigenheiten und die *Bewohner mit ihrem eigentümlichen Costüm*. Aus dem Besuch wurde ein Daueraufenthalt. Hasemann baute ein Haus, heiratete, gründete eine Familie, wurde zu einem im Ort hochangesehenen Mann. Er brachte weitere Maler ins Dorf und wurde zum Initiator der Gutacher Künstlerkolonie. Ein guter Malerfreund von Hasemann war Curt Liebich. Er ließ sich 1896 in Gutach nieder und heiratete Hasemanns Schwester. Liebich war ungemein vielseitig, illustrierte, entwarf Titelblätter und Vignetten, arbeitete als Maler und Bildhauer. Beiden Malern, Hasemann und Liebich, lag es am Herzen, ein authentisches Bild des Schwarzwaldes zu entwerfen. Allerdings muss man sagen, dass der Begriff Authentizität hier doch einen seltsamen Beigeschmack von Starre hat. Die Landschaft wird auf diesen Bildern zum Stillstand gebracht. Über Hasemann heißt es auf einer Internetseite zur Schwarzwaldmalerei, er sei dem Schwarzwald *verfallen* gewesen, womit die Sache ganz gut beschrieben wird: Der Schwarzwald hat diesen Maler quasi geschluckt, hat ihm den Abstand geraubt, den es braucht, will man ein facettenreiches Bild entwerfen.

Ein anderes Beispiel für die konservierende Art der Schwarzwaldmalerei ist Karl Hauptmann. Zum sechzigsten Geburtstag des Malers ist ein Bildband erschienen, der den Untertitel trägt: *Der Schwarzwaldmaler.* Wenn man die Betonung tatsächlich auf den Artikel legt, und das sei hiermit getan, dann bleibt man in diesem einen, bestimmten Denk-Spiel, Schau-Spiel, dieser Reflexion über das Kunstvolle, Künstlerische, vielleicht auch Künstliche in der Suche nach und der Schaffung des Bildes vom Schwarzwald. Hauptmann gestaltet den Schwarzwald im wahrsten Sinn als »unberührte«, reine Landschaft, auch, indem er vor allem Winterbilder malt. Nichts wirkt so friedlich wie eine verschneite Gegend, der Schnee deckt zu, verdeckt auch, was sonst sichtbar wäre. Die große Anzahl der Winterbilder, die Karl Hauptmann malte, hat allerdings auch einen Grund im Schwarzwaldtourismus, der den Schwerpunkt auf den Winter, das »Schneeschuhlaufen«, legte. Man wollte Winterbilder haben, sie halfen, den Schwarzwald als Tourismusregion anzupreisen. Hauptmann selbst war sich durchaus dessen bewusst, dass die Landschaft, wie er sie sah und malte, nicht immer so bleiben würde. Sein Wunsch war es, dass die Landschaft im Bild bewahrt werden würde. Den Schwarzwald, wie er ihn sah, würde man irgendwann nur noch in den Bildern heraufbeschwören können. Für Hauptmann war er ein Ort der Sehnsucht nach dem Unveränderlichen.

Ein Teil von Hauptmanns Bildern sind auch als Postkartenmotiv verwendet worden. Allerdings gilt er nicht eigentlich als Postkartenmaler. Weit eher wären Kurt Liebich und Wilhelm Hasemann zu nennen, die mit ihrer Postkartenmalerei entschieden mitgeholfen haben, ein bestimmtes Bild, ihr Bild, des Schwarzwaldes in die weite Welt zu exportieren und den Schwarzwaldtourismus voranzutreiben. Hier kommt auch der Bollenhut wieder ins Spiel. Durch die Postkartenkunst der Gutacher Künstlerkolonie vor allem hat der Hut seinen Siegeszug weit über die Grenzen des Schwarzwaldes und Deutschlands angetreten.

Im Fenster einer Galerie in der Grünwälderstraße in Freiburg entdeckte ich ein riesiges Bild, darauf das Schwarzwaldmädel mit Bollenhut, im Mund eine Banane. Befremdlich das Ganze, aber nicht uninteressant, dachte ich und fing an, mich zu informieren über den Künstler des Schwarzwaldmädelobjekts. Mit Graffiti hat der 1979 in Offenburg geborene Stefan Strumbel angefangen, es war nicht ungefährlich, und er hatte intensiven Kontakt zur örtlichen Polizei. Jetzt, wo er etabliert ist, angekommen im Kunstbetrieb, kann er sprühen so viel er will, keiner käme mehr auf die Idee, von »Sachbeschädigung« zu sprechen. Eine Kuckucksuhr auf Pop-Art zu besprühen kann als Kunst angesehen werden, und die sogenannten »Strumbel-Uhren« genießen mittlerweile einen hohen Bekanntheitsgrad. In einer Karl-Lagerfeld-Story des *Stern* diente sie als Deko. Dass jeder seinen Vogel hat, weiß man, und besondere Menschen haben eben auch besondere Vögel. »What the fuck is heimat?« Diese Frage stellt sich bestimmt so mancher, für Strumbel dient sie als Ausgangspunkt seiner Arbeit. Dabei beschäftigt er sich aber von Anfang an mit einer Form vermittelter Heimat, Bilder, Klischees dienen ihm als Folie. Sein Material ist bereits ein Kunstprodukt, das er als verfremdetes in alle Welt exportiert. Dabei ist ja gerade das schon immer das Charakteristische von Kuckucksuhr und Bollenhut gewesen: Diese Schwarzwaldsymbole geistern durch die ganze Welt, waren noch nie wirklich an Ort und Zeit gebunden, liefern seit Ewigkeit den Beweis dafür, dass Klischees ein Heimatgefühl vermitteln können, wenn die Käufer oder Betrachter sich emotional damit verbinden. Was also soll da neu sein? Strumbels Kunst geht nicht nah heran an ursprüngliche Möglichkeiten der Auseinandersetzung mit Heimat. In einem Interview sagt er: *Hei-*

*mat verbinden viele mit Schwarzwald und Idylle. Dabei hat Heimat damit gar nichts zu tun. Heimat ist eigentlich die Beziehung zwischen Mensch und Raum, unabhängig von Ort und Zeit. Ein Ort, an dem man sich wohlfühlt … Ich habe eine Serie, die nennt sich »Heimatdroge«, weil ich der Meinung bin, dass Heimat die stärkste Droge der Welt ist. Jeder von uns strebt danach und ist ein Junkie. Ich habe die typischen Trachtenfrauen gemalt, die sich Kokain ziehen, die sich Heimat spritzen.* Was aber bedeutet es, Klischees einer Gegend farbig zu machen, mit ihnen fremden Attributen zu versehen? Öffnet sich der Klischeecharakter des Bollenhutes in Richtung Heimat, wenn die Trägerin eine Banane isst oder eine Pistole im Anschlag hält? Hut und Uhr und Tracht, als Symbol und Exportartikel genommen, verengen den Blick auf den Schwarzwald. Die Arbeit Strumbels zementiert den Kunstprodukt-Charakter des Schwarzwaldes. Die Frage bleibt: »What the fuck is heimat?«

Solange es den Schwarzwald gibt, so lange wird es auch das Kunstprodukt, die Markenware Schwarzwald geben, mit immer neuen Details, aber in gewohnter Qualität. Vom ersten Auftritt des Schwarzwaldmädels in einer Operette bis zu ihren Auftritten in den Bildern von Stefan Strumbel ist fast ein Jahrhundert vergangen. Das Mädel ist sich treu geblieben, es hat Revolutionen in der Modewelt überstanden, es hat den Übergang von der Moderne zur Postmoderne ohne Probleme geschafft. Die roten Bollen, sie haben nichts an Signalwirkung eingebüßt, genauso wenig wie die Kuckucksuhr. Es ist egal, ob die Frage heißt: »Was ist Heimat?« oder »What the fuck is heimat?« Je »unheimatlicher« die Welt wird, desto eher werden die Menschen zurückgreifen auf die alten Bilder. Ob Heimat als Sehnsucht, als Wunsch, als Liebe, als Ort der Seligkeit oder als Droge verstanden wird, spielt keine Rolle. Der Faktor Globalisierung kommt dem Konzept Kunstprodukt Schwarzwald wunderbar entgegen. Und selbst Finanzkrisen werden umschifft werden, denn solch ein bisschen Heimatdroge kostet ja nicht die Welt. Irgendwann erreicht mich eine Mail von Stefan Strumbel: Ob das Buch schon im Druck sei, man käme gerade aus Amerika zurück. Und vielleicht hat man ja zu viel Schwarzwald mitgenommen, den Amerikanern geschenkt, sodass die gar nicht mehr hierherkommen müssen, um den Schwarzwald zu erleben. Und darunter leiden dann die Bürgermeister und Tourismuschefs hier bei uns.

Die Not ist so groß, dass selbst die Tageszeitungen sich einschalten. So lese ich an einem Dezembersamstag auf der Seite drei der *Badischen Zeitung: Eine Kur für den Schwarzwald.* Untertitel: *Der Schwarzwald ist weltweit die bekannteste und beliebteste deutsche Ferienregion, doch der Tourismus muss gewaltig kämpfen.* Wieder einmal geht es darum, dass man im Schwarzwald *die* Zukunft verschlafen hat, und in Triberg, dem Ort mit dem größten Wasserfall Deutschlands, will man dieser Zukunftsverschlaferei nun endgültig der Riegel vorschieben, indem man die *Triberger Erlebniswelt* errichtet, und zwar direkt neben den Wasserfällen, die man wahrscheinlich gar nicht mehr erleben will, weil die ja dann außerhalb der angebotenen Erlebniswelt liegen werden. Gigantomanisch erscheint das, was die Triberger da vorhaben: Ein ganzes Schwarzwalddorf soll aufgebaut werden mit allem, was schon immer zum Schwarzwald gehörte: Speck und Schwarzwälder Kirschtorte, Wasserfall, allerdings begehbar, Miniaturbahn, Streichelzoo. Das Tollste aber wird die größte Kuckucksuhr der Welt sein. So wird man also dann nicht mehr in den Schwarzwald fahren, um den Schwarzwald zu erleben, sondern man kann dieses Selbsterleben ruhig umgehen und lässt sich Schwarzwald und Erlebnis gleich im Doppelpack vor die Nase legen. Wie praktisch! Was aber, wenn die Leute irgendwann genug haben von diesem ganzen Kitsch, wenn sie irgendwann einmal wieder etwas erleben wollen, das nicht aus zweiter oder dritter Hand kommt? Was das dann erst kostet, wenn solch eine ganze Welt abgerissen wird – nicht auszudenken.

Bis heute also und vielleicht sogar stärker denn je ist der Schwarzwald auch ein Kunstprodukt. Auch wenn heftig darüber nachgedacht wird, wie man den Anschluss an das schafft, was moderne Tourismusindustrie heißt, versucht man immer auch neuere Tendenzen mit dem Bewährten zu verbinden. Menschen reisen mit einem großen Erwartungshorizont, nichts soll sein wie zu Hause, und doch will man sich auch nicht fremd fühlen. Alles muss neu sein und alt klingen. Man will weg von daheim, und gleichzeitig hat man Sehnsucht nach dem endgültigen Ankommen in der Heimat. Und so wird weitergebastelt am Kunstcharakter des Schwarzwaldes.

# 6.

## *Berühmte und besondere Leute*

In meiner Jugendzeit gehörte es zu den Hauptvergnügen jedes im Schwarzwald aufwachsenden Kindes, die langen Winter voll auszukosten, zu rodeln, Ski oder Schlittschuh zu laufen. Einen Unterschied zwischen Abfahrtsski und Langlaufski gab es nicht, es herrschten lift- und loipenfreie Zustände. Man hatte seine Spur selbst zu bahnen und musste die Hänge durch intensives Treten mit den Skiern so präparieren, dass eine fetzige Abfahrt möglich war. Es war Freiheit pur. Der Wintersport gehört zu den beliebtesten Sportarten, und mir wird erst heute wirklich klar, welch große Rolle der Schwarzwald für die Entwicklung des Skisports spielte. Glücklicherweise kann man sich nun umfassend informieren über alles, was mit Schwarzwald und Ski zu tun hat. Es gibt nämlich in Hinterzarten ein Skimuseum, initiiert von Georg Thoma, realisiert im Hugenhof, einem denkmalgeschützten Schwarzwälder Bauernhaus. Zwischen 1954 und 1966 war der Skispringer neunzehn Mal deutscher

Meister und wenn er erzählt, wie er 1960 nach Squaw Valley eingeladen wurde, erfährt man unter anderem, wie sehr sich die Zeiten geändert haben. Damals nämlich kostete ein Flug nach Kalifornien so viel wie ein VW und war für den Geldbeutel des Normalbürgers eine Unmöglichkeit. Auf jeden Fall hat Georg Thoma den Schwarzwälder Wintersport in die Welt exportiert und ist damit einer der berühmtesten Schwarzwälder, ja, es ist zu überlegen, ob er nicht seinen Wander- und Flugkollegen Martin Heidegger sogar noch überflügelt. Heidegger hat zwar vor allem dem Wandern extrem zugesprochen, es dabei aber nicht belassen, nein, er war ebenso eine Art Flieger, auch wenn seine Fliegerei mit einer Schanze nichts zu tun hatte. Zu den Gedankenfliegern gehört er auf jeden Fall, und in diesem Bereich hat er eine Art Extremsport betrieben. Des Philosophen Bereich war das Unermessliche, des Skispringers Bereich zwar das Messbare, was für seine Bewunderer jedoch infolge des riesigen Erfolgs ebenfalls eine eigene Art Unermesslichkeit annahm. Überhaupt scheint der Gedanke einer ziemlich innigen Beziehung zwischen Skisport und Philosophie gar nicht so abstrus zu sein, vor allem wenn man an die erste Hälfte des zwanzigsten Jahrhunderts und bis in die sechziger Jahre hinein denkt, als Skifahrer wie Philosophen ihre Spur selbst finden mussten, wo es im Gebirge durchaus sein konnte, dass man plötzlich auf einen Felsen auffuhr oder sich im Tiefschnee verhedderte. Und wie in der Philosophie hatten es auch im Skisport die Frauen schwerer, vor allem, wenn man berücksichtigt, dass sie schon aufgrund ihrer Kleidung gehandicapt waren. Noch 1925 hieß es, es sei nicht nur in der Ehe ungut, wenn eine Frau die Hosen anhabe, im *unbarmherzigen Licht eines Gebirgstages* sei das ganz und gar ungebührlich. Für die 1923 in Freiburg geborene Skirennläuferin Hildesuse Gärtner zumindest scheint das alles nicht länger hinnehmbar gewesen zu sein, hat sie doch im Jahr 1949 sowohl in Oberstorf den Slalom gewonnen als auch die Promotion in Philosophie abgelegt. Heute herrscht in beiden Disziplinen zumindest eine Fastgleichberechtigung.

Ein weiteres frappierendes Detail liegt in dem Umstand, dass Heidegger seine Hütte in Todtnauberg hatte, das zum Städtchen Todtnau gehört, in dem es den ersten Skiclub des Schwarzwaldes gab. Ob er allerdings wusste, dass kein Schwarzwälder, sondern ein Franzose, der noch dazu in Norwegen das Skilaufen gelernt hatte, urkundlich als Erstbesteiger des Feldbergs nachgewiesen ist, mag bezweifelt werden. Gefreut hätte es ihn sicherlich nicht. Befreunden können hätte er sich aber mit dem Umstand, dass sich aus dem Todtnauer Skiclub heraus der Freiburger Skiclub formte, so wie sich das philosophische Leben Freiburgs in substantieller Hinsicht aus dem speiste, was in Todtnauberg gedacht wurde. Auf jeden Fall hat Heidegger übertrieben, wenn er der Meinung war, die Gäste in den Schwarzwalddörfern, *nicht zuletzt die Skiläufer,* würden sich amüsieren wie in ihren *großstädtischen Vergnügungspalästen.* Wer den Schwarzwald als Reiseziel hat, weiß in der Regel, dass hier kein Klein Paris zu finden sein wird.

Aus Todtnau stammt übrigens eine weitere Berühmtheit: 1872 wurde hier Karl Ludwig Nessler geboren, dem wir die Erfindung der Dauerwelle verdanken. Die Idee dazu soll ihm schon während seiner Lehrzeit in Fahrnau beim Dorfbarbier Busam gekommen sein. Nessler zog es aber in die weite Welt, und so hat er die erste Dauerwelle in Paris ausprobiert, und zwar an der Ulmerin Katharina Laible. Von dort ging er nach London, heiratete Katharina, sein erstes Dauerwellenopfer, und eroberte die Köpfe der britischen Damenwelt im Sturm. Gestorben ist der Meisterweller 1951 in Amerika. Unter anderem ist von ihm ein *Lehrbuch für Dauerwellen am Haare des Menschen* erschienen.

Aus einem Ort unweit von Todtnau, aus Schönau, kommt ebenfalls einer, für den Sport und Philosophie in einer engen Verbindung stehen. Einer, der nach dem »Sommermärchen« 2006 gesagt hat: »Uns ging es darum, die Spielphilosophie für die Zeit danach beim DFB zu installieren.« Über das spezifisch Philosophische am Spiel wird dann allerdings nicht weiter nachgedacht. Es scheint selbstverständlich zu sein. Schließlich wollen die Spieler eine »klare Analyse« und ein »strukturiertes Training«. Für den philosophischen Trainer aus dem Wiesental gilt, dass er zuerst eine »Spielidee« hat, also sozusagen dem idealistischen Flügel unter den Fussballphilosophen angehört, und die weitere Planung danach ausrichtet. Methodisch sei es am sinnvollsten, eine enge Verknüpfung von »Beharrlichkeit und Leidenschaft!« herzustellen, denn so erreiche man sein Ziel am schnellsten. Dies alles sagt Joachim Löw, genannt Jogi Löw, geboren 1960 in Schönau, dort aufgewachsen, später nach Freiburg gegangen, eine Handelskaufmannsausbildung gemacht und dann eine steile Fussballtrainerkarriere. Adolf Bianchi, der seit über dreißig Jahren beim FC Schönau Platzwart ist, erzählt, ihm sei der quirlige Bub schon als Achtjähriger aufgefallen. Immer mit dem Ball habe man ihn gesehen, irgendwie sei er besonders gewesen, aber eben doch auch ganz normal, kein Angeber. Ob ein Fussballphilosoph allerdings mit dem Etikett »ganz normal« wirklich getroffen wird, kann mit gutem Recht bezweifelt werden. Natürlich, es spricht für ihn, den Philosophen nicht herauszuhängen, aber normal ist er damit noch lange nicht. Ja, vielleicht kann man sogar so weit gehen, festzustellen, dass Menschen, die Außergewöhnliches leisten, immer eine Art »Störfall« darstellen, rebellisch sind – und bei dieser Gelegenheit komme ich auf den Störfall zu sprechen, der Schönau zusätzlich zu Jogi Löws Berühmtheit eine weitere Berühmtheit beschert hat: die Elektrizitätswerke Schönau, kurz EWS genannt.

Im Jahr 1997 haben hier erstmals in der Bundesrepublik Deutschland die Bürger selbst ihre Stromversorgung übernommen und sich von den Stromriesen abgekoppelt. Schönau war nun eine »abtrünnige« Gemeinde, es gab viele Kämpfe, bis alle Schwierigkeiten aus dem Weg geräumt waren.

Schosé wurde er als Kind von den anderen genannt, und geschrieben hat man seinen Vornamen manchmal französisch »chaussée«. Jetzt kommt es aber immer wieder vor, dass sein Vorname, José, richtig, nämlich spanisch ausgesprochen wird: José, mit dem weit hinten in der Kehle sitzenden J.

José F. A. Oliver, 1961 in Hausach im Kinzigtal geboren, spricht Alemannisch, aber auch Spanisch, Französisch und Englisch. Wenn man einen Termin mit ihm ausmachen möchte, kann es gut sein, dass man ihn nicht erreicht, weil er irgendwo in der weiten Welt herumreist, in Lateinamerika einen Vortrag hält, in Brüssel eine Lesung hat oder gerade Stadtschreiber von Kapstadt ist.

In den sechziger Jahren wanderten dreißig Familien aus Málaga aus, um sich in Hausach niederzulassen. Kommt man an einem trüben, regnerischen Tag am Bahnhof von Hausach an, der nicht im Zentrum des Ortes liegt, sondern etwa fünfzehn Minuten Fußweg entfernt, dann kann man sich gut vorstellen, wie das gewesen sein muss für diese Menschen aus dem südlichsten Süden. Und wenn man gar an die Schneeberge im Winter im Kinzigtal denkt, dann beginnt man zu frieren und bekommt eine Ahnung von dem, was das Wort Fremde heißen kann. Oliver erzählt, wie wunderbar er es fand, wenn er mit der Familie aus den Sommerferien im heißen, ausgedörrten Spanien zurückkam in eine Gegend, in der es ziemlich viel regnet. In seinem Essay *Mein andalusisches Heimatdorf* schreibt er in Abgrenzung zu den meisten Landsleuten: *Ich hingegen fühle mich einfach nur behaust und uferkämmend in diesem grünen Meer, das nach Wald und Dämmerfeuchte riecht.* Oliver ist Dichter, andalusischer Schwarzwälder, schwarzwälderischer Andalusier, ein Wanderer zwischen den Sprachen und arbeitet in der Meinung, Mehrsprachigkeit sei ein Zeichen jeder Sprache. Nie hatte er das Gefühl, in Hausach nicht dazuzugehören, und dass er auch aktiv dazu gehört, zeigen seine vielen direkt ortsbezogenen Aktionen, die allerdings auch immer irgendwie Weltbezug haben, so vor allem der von ihm gegründete *Hausacher Leselenz,* bei dem Autorinnen und Autoren von überall her aus ihren Büchern lesen.

Das Nomadische oder zumindest der Wunsch, nicht nur an einem Ort zu Hause zu sein, scheint ein Kennzeichen vieler Schwarzwälder Dichter und Schriftsteller zu sein. Auch Thomas Strittmatter gehört dazu. 1961 in St. Georgen geboren, dort spazieren und zur Schule gegangen, hatte er später ein Arbeitsdomizil in Berlin, wo er 1995 gestorben ist. Neugierig soll er gewesen sein, aber auch wortkarg, offen und schüchtern und ein Menschenfänger. Stücke hat er geschrieben, Prosa und Drehbücher, und viel zu früh ist er gestorben oder »verschwunden«, wie er selbst wohl eher gesagt hätte. Der Tod nämlich hat ihn beschäftigt, er hat ihn den Antrieb allen Denkens genannt und das Sterben ein *seltsames Zwischending zwischen medizinischem Herzstillstand und geheimnisvollem Verschwinden*. Kein Pathos also, keine sentimentalen Gefühle, keine Rührseligkeit. Die Maschine Herz gibt die Arbeit auf, das ist Fakt, schlichte materielle Realität. Der Rest bleibt Geheimnis, was sonst. Den Begriff Heimat verbindet er mit Dialekt, einer speziellen Mentalität und daraus resultierenden Verhaltensweisen, bestimmten Dingen, die man in einer bestimmten Gegend isst. Ob er ohne die Erfahrung der Stille, die in seiner Heimat herrscht, überhaupt zum Schreiben gekommen wäre, bezweifelt er. Denn bevor man schreibt, muss man erst einmal hören und wenn der Lärm zu groß wird, kann man eben nicht mehr richtig zuhören. Was Strittmatter zu sagen hat, klingt oft drastisch und sehr konkret, seine Wortwahl ist sinnlich, verrät die Herkunft. So wenn er über den Theaterbetrieb lästert: *In jedem Rossapfel tummelt sich mehr Leben, paaren sich Würmer, schlüpfen Maden und teilen sich unter Geruchsentwicklung Bakterien, vollzieht sich mit Sicherheit mehr Sinnlichkeit als auf den edelfaulen Brettern unseres staatstragenden Theaters.* Für die glänzende Fassade und die dahinter schlummernden Abgründe hat er einen untrüglichen Sinn. Wenn ich ihn lese, habe ich ein Heimatgefühl, hervorgerufen durch das Sinnliche, Realistische seiner Texte, die gleichzeitig etwas Zartes, Flüchtiges evozieren in ihrer deutlichen Sprache mit sensiblem Hintergrund: ein besonderer Ton. In sein Werk hat er den Schwarzwald eingeschrieben, einen Schwarzwald jenseits von Kitsch, Heimattümelei, bunter Fassade. Einen Schwarzwald, in dem es feine und grobschlächtige Menschen gibt. Ich entdecke ich seinen Büchern vieles, was ich sehr gut kenne, den Sprachwitz der Schwarzwälder, überhaupt die Lust an den sinnlichen Qualitäten der Sprache, das Auf-Umwegen-zum-Eigentlichen-Kommen-und-dann-erst-einmal-tief-Durchatmen, aber auch das Kurzangebundene, das »letzte« Wort, vielleicht ein »Ach was!«, die harte, schnelle Geste, die Abwehr all dessen, was in Richtung Diskussion gehen könnte.

In seinem eigentümlichen Sprachrhythmus ähnelt Strittmatter, obwohl Prosaautor und Dramatiker, einem anderen Schwarzwälder Dichter, einem, der viel früher gelebt hat als er, nämlich zu Goethes Zeit: Johann Peter Hebel. *Ich wollte mich in diesen Hebel vertiefen, aber dazu brauche ich eine ganze Zeit – nur mit ihm allein und vielleicht lieber hier in Paris als in Deutschland, wo man ihn in eine falsche Heimatkunst einspannen wird … denn nicht wahr: nicht daß dieser Mann in Dialekt gedichtet hat, sondern daß der Dialekt in ihm dichterisch geworden ist, das ist das Entscheidende.* So Rainer Maria Rilke im Jahre 1924. Und ähnlich erging es mir: Ich hatte schon fast vergessen, dass es einen Hebel gab, einen Dichter, der alemannische Verse geschrieben hat, jetzt habe ich ihn auf der Zugfahrt von Freiburg nach Essen wieder neu gelesen. Draußen vor dem Zugfenster wird die Landschaft immer flacher, der Zug nimmt vor Köln so richtig Fahrt auf, im Abteil sind die verschiedensten Dialekte zu hören, nur kein Alemannisch. Ich denke daran, dass Walter Benjamin vom »Kosmopolitismus« von Hebels Schauplätzen gesprochen hat und bin überzeugter denn je, dass man den Mann überall lesen kann und ihn vielleicht wirklich nicht unbedingt im Schwarzwald selbst lesen sollte, sonst kommt das eigentümlich weit Ausgreifende und das vom Weiten ins Nahe Zurückholende seines Werks gar nicht so richtig zur Geltung. Das hört sich ziemlich großartig an, zeigt aber gerade, wie wenig Hebel mit jeglicher Art von Heimatdichtung zu tun hat, und das, obwohl er von nichts anderem spricht als von der Heimat und sich nach nichts anderem sehnt als nach der Heimat.

*Im verschwiegene Schoß der felse heimli gibore,*
*an de Wulke gsäugt, mit Duft und himmlischem Rege,*
*schlofsch e Bütschelichind in dim verborgene Stüebli*
*heimli, wohlverwahrt. No nie hen menschligi Auge*
*güggele dörfen und seh, wie schön mi Meiddeli do lit.*

Wenn die Landschaft nicht nur gänzlich ohne Berge, Felsen, Bäche vor dem Auge dahinzieht, stattdessen immer dichter besiedelt erscheint und dann beim Aussteigen der Geruch einer großen Stadt auf der Stelle alle Erinnerung an Tannen- und Wiesenblumenduft hinwegfegt, die Worte des Dichters aber tatsächlich im Ohr nachklingen, habe ich endgültig verstanden, dass Hebel ein Kosmopolit war. In seiner Sprache, dem Dialekt, entspringt die Wiese, erhebt sich der Feldberg, rauschen die Blätter, pfeifen die Vögel, geht die Sonne auf, neigt sich der Tag, wird es Nacht, schließlich Mitternacht, egal, wo man sich gerade aufhält.

*Doch was i sag, rauscht nit der Tiich? Er schießt*
*im Leerlauf ab am müede Mühlirad,*
*und näume schliicht der Iltis unterm Dach*
*de Tremle no, und lueg, do obe zieht*
*vom Chilchturn her en Ül im stille Flug*
*dur d'Mitternacht, und hängt denn nit im Gwülch*
*die großi Nachtlaterne dört, der Mond?*
*Still hangt sie dört, und d'Sterne flimmere,*
*wie wemmen in der dunkle Regennacht,*
*vom wite Gang ermattet, uf der Stroß*
*an d'Heimet chunnt, no keini Dächer sieht*
*und numme do und dört e fründli Licht.*
*Wie wird's mer doch uf eimol so kurios?*
*Wie wird's mer doch so weich um Brust und Herz,*
*as wenn i briegge möchte, weiß nit, worum,*
*as wenni's heimweh hätt, weiß nit, no was?*

Auch wer nicht des Alemannischen mächtig ist, wird sich manches zu deuten wissen, und auch wenn er sich irrt, doch – verführt durch den Klang der Sprache, durch die eigentümliche Melodie des Gedichts, durch Worte wie Mond, Laterne, Herz, Gang, Sterne, Heimweh – verstehen, dass es um das Leben im Allgemeinen und Besonderen, ums Gehen, Ankommen, den Schmerz, die Sehnsucht geht, auch wenn man sich an einem Ort aufhält, an dem es weder Iltis noch Mühlrad, noch einen Teich gibt, sondern nichts als hohe Häuser, Autoverkehr und Baulärm. Bei Arnold Stadler heißt es treffend: *Hebels Heimat war die Welt. Die Welt der Dichtung. Das Alemannische war seine Weltsprache.*

Ein Hebel-Denkmal steht im Schlosspark in Karlsruhe, wohin ich aber eigentlich gekommen bin, weil hier in der Kunsthalle Gemälde hängen von Hans Thoma, dem Schwarzwaldmaler, wie man ihn nennt. Ich erinnere mich, dass auch andere, zum Beispiel Hasemann oder Hauptmann oder Liebich, als Schwarzwaldmaler bezeichnet wurden. Aber der eigentliche Schwarzwaldmaler soll dann doch Hans Thoma sein. Er wurde zwar in Bernau im Schwarzwald geboren und hat dort seine Kindheit verbracht, wohnte aber dann in Basel, Düsseldorf, München, Frankfurt und schließlich in Karlsruhe. Außerdem hat er viele Reisen nach Paris, England und Italien unternommen. Längst nicht jedes Landschaftsbild Thomas thematisiert den Schwarzwald. Es geht ins Untergeschoss, will man die Bilder von Hans Thoma sehen. Sogleich stoße ich auf ein Gemälde mit dem Titel *Sonnenschein,* darauf eine junge Frau mit einem orangefarbenen Schirm in einer dunkelgrünen Umgebung aus Sträuchern, Gräsern, Bäumen am Rand eines Teiches. Bloß die Sonne, die fehlt irgendwie, die Stimmung auf dem Bild ist eher gedämpft, fast ein wenig melancholisch. Diesen Eindruck hinterlassen alle hier ausgestellten Landschaftsbilder. Da sind knorrige Baumstämme zu sehen, große Felsen, viel Grün, aber mit wenig sinnlicher Wirkung. Interessant ist auch, dass die Häuser auf den Bildern fast allesamt ziemlich baufällig wirken, morsche Giebel und Dächer haben. Lange bleibt mein Blick an einem anderen Bild hängen: *Selbstbildnis mit Amor und Tod:* Amor, der nur sehr flüchtig des Malers Haar berührt, dem Mann nicht besonders gewogen zu sein scheint, der Tod hingegen sitzt ihm fest im Nacken und flüstert ihm etwas ins Ohr. Der Maler selbst hat den gleichen Blick wie viele der Menschen, die auf seinen Bildern vorkommen: melancholisch und fragend in eine unbestimmte Ferne gerichtet. Ich denke immer wieder, die wollen eigentlich gar nicht in dieser Landschaft sein, die wollen viel lieber weg, und die Landschaft, sie will die Menschen nicht wirklich, sie wäre lieber für sich. Gibt man Hans Thoma den Titel »Schwarzwaldmaler«, so ist zu bedenken, dass auf seinen Bildern seine Phantasien zum Schwarzwald zu sehen sind, dass das, was er als Schwarzwald erlebt hat, sich verbunden hat mit vielen anderen Einflüssen, landschaftlicher und rein künstlerischer Art. Gerade das aber macht das Besondere dieser Bilder aus. Thoma war kein Postkartenmaler, seine Bilder haben nichts zu tun mit Klischees, der Schwarzwald war für ihn keine heile Welt. Als ich die Malerin und Fotografin Sandra Eades nach Hans Thoma frage und erfahren möchte, wie sie ihn sieht, erstaune ich über ihre Antwort: Er müsse seine Heimat sehr geliebt haben, meint sie, sonst hätte er mit der Landschaft und mit den Menschen, vor allem mit seinen Verwandten, nicht so umgehen können, mit einer solchen Ehrlichkeit, ohne etwas zu beschönigen. Aber natürlich bin ich nicht wegen Hans Thoma zu Sandra Eades nach Ihringen am Kaiserstuhl gefahren, sondern wegen der Faszination, die ihre Bilder, vor allem ihre *Tales from the Blackforest* auf mich ausüben. Diese Bilder, die Kompositionen aus Fotografie und Malerei sind, erzählen in der Tat Geschichten oder inspirieren dazu, Geschichten zu erfinden. Zum Beispiel ein herbstlicher Waldboden, auf dem ein gelber Eislöffel liegt: Wer hat ihn verloren oder einfach nur weggeworfen? Mag sein, dass jemand ihn aufheben wird, mag sein, dass er irgendwann, wenn noch mehr Blätter vom Baum fallen, zugedeckt wird und, wenn es schneit im Winter, ganz unter einer kalten weißen Hülle verschwindet. Wie sie als Engländerin zu diesem intensiven Blick für den Schwarzwald gekommen sei, frage ich. Das habe ganz persönliche Gründe, erzählt Sandra Eades, die 1949 im englischen Chelmsford geboren wurde, ihr Großvater sei Uhrmacher gewesen, bei ihnen zu Hause waren unzählige Uhren, darunter auch eine sehr schöne Kuckucksuhr. Diese Uhr habe ihre Mutter ihr geschenkt, nachdem der Großvater gestorben war, weil sie der Meinung war, die Uhr sollte zurück in den Schwarzwald, dorthin also, wo sie herkam. Der kreative Blick Sandra Eades' zeichnet sich aus durch eine Vielperspektivität, in der Natur und Kitsch eine enge Verbindung eingehen, Kunst und Künstliches aufeinandertreffen. Ein Eislöffel aus Plastik gehört eigentlich nicht auf den Waldboden, ist er aber nun einmal da gelandet, entzünden sich an diesem Tatbestand womöglich Phantasien.

Eine ganz eigentümliche, fast märchenhafte Atmosphäre herrscht, während ich bei Sandra Eades sitze, Tee trinke und englischen Ingwerkuchen esse, wir auf Literatur zu sprechen kommen, auf Lyrik vor allem, und Frau Eades erzählt, wie sehr sie die Gedichte von Emily Dickinson schätzt, wir uns gegenseitig darin bestärken, dass diese Dichterin auf kleinstem Raum die ganze Welt beherbergt hat und dass man Heimat nur zur Sprache oder ins Bild bringt, wenn sie sich auf die Welt hin öffnet. Schockiert bin ich, als ich höre, in Gutach habe man der Malerin vorgeworfen, sie kritisiere mit ihren Arbeiten den Schwarzwald. Eher das Gegenteil sei der Fall, ihre Photo Paintings seien weit eher als eine Art Liebeserklärung an den Schwarzwald zu verstehen. Und ist es nicht wirklich so: Je weiter der Blick, je differenzierter die Vielfalt der Perspektiven, desto intensiver die Beziehung zum Gegenstand der künstlerischen Auseinandersetzung? Ich erkenne vieles wieder von meinen eigenen Erfahrungen mit dem Schwarzwald: Wie er aus der Nähe in die Ferne gerückt war und nun wieder zurückkommt. Dass er, angereichert durch Kitsch und Kommerz, doch nichts an Natürlichkeit und sinnlicher Präsenz verloren hat.

Sandra Eades lebt nicht allein in dem riesigen alten Haus in der Mitte von Ihringen: Schon während ihres Studiums in London hat sie Reinhard Klessinger kennengelernt, ist verheiratet mit ihm, und immer wieder flicht sie seinen Namen ins Gespräch, so als wolle sie nicht von sich sprechen, ohne ihn wenigstens zu erwähnen. Und wie der Künstler schließlich durch die Tür kommt und vor mir steht, denke ich, das kann fast nur ein Schwarzwälder sein: die etwas scheue Art des Blicks, die langsame, tastende Sprechweise. Mag sein, dass es mir besonders auffällt, weil seine Frau daneben so anders wirkt, so direkt, völlig zugewandt in Blick und Gesten. Klessinger erzählt, wenn ihn jemand fragt, wo er herkomme, immer, er sei aus Bernau oder aus Hausach oder aus Freiburg, nie aus Ihringen, obwohl er hier seit dreißig Jahren wohnt. Er kommt in der ganzen Welt herum, arbeitet gerade an einem großen Auftragswerk in Portugal, wird im nächsten Jahr ein Stipendium in Paris bekommen. Auch sein Thema ist die Wahrnehmung in Bezug auf Zeit und Raum, und immer wieder taucht Bernau auf, sei es im Bild, sei es in den Texten, mit denen Reinhard Klessinger seine Bilder und Installationen oft ergänzt. Ich befolge seinen Rat, mich einmal mit dem Medizinjournalisten und Lyriker Jürgen-Peter Stössel zu treffen. Die beiden Männer machen viele Wandertouren gemeinsam, im Schwarzwald, in den Alpen und anderswo. Ich lese in dem Gedichtband *Der 60. Mai* und entdecke *Winterfahrt:*

*Durch eine Kinderlandschaft*
*bin ich gefahren*
*und habe den Winter gesehen*

*Nichts wird bleiben davon*
*als Buchstabenschnee*
*auf dem Bildschirm*

*Mein blaues Fenster zur Welt*
*zeigt einen der immer noch*
*ankommen will wo er ist.*

Eigentlich kommt Stössel ja aus dem Stuttgarter Raum, als Kind war er meistens auf der Schwäbischen Alb, aber eben auch immer wieder im Schwarzwald, zum Beispiel zu Landschulheimaufenthalten. Der Wald sei ihm sehr dunkel, richtig dunkel und undurchdringlich erschienen. Aber nicht unangenehm. Wo er gerne wandert: in Bernau zum Beispiel. Er gehe gern in alte Bauernhäuser, er, der Zugezogene, während seine Frau, die aus der Gegend um Schramberg komme, die harten Winter und langen

Wege durch den Schnee bis zur Schule erlebt habe, die Enge und den Geruch in diesen Häusern nicht aushalte. Sie, seine Frau, würde bestimmt ganz anders über den Schwarzwald sprechen als er, meint Stössel.

Vielleicht muss man wirklich von außen kommen oder zumindest einmal weit weg gewesen sein. Dann ist der Blick vielgestaltiger, er muss nichts ausgrenzen, kann sich allem öffnen, was die Gegend bietet, und zum Fortspinnen von Phantasien anregen:

*Nicht schwarz und schweigt*
*auch nicht das helle Grün*
*steigt mir zu Kopf*

*Romantische Wiederauferstehung*
*Der weiße Nebel wunderbar*
*verwandelt in Papier*

*Ich sehe das unbeschreibliche Licht*
*ein Bild machen*
*von diesem Sommermorgen im Wald*

*Aber damit das mal klar ist*
*Hier wachsen Stühle Tische und Schränke*
*Höchstens noch Bretter für deinen Sarg.*

Es gibt auch das Kontrastprogramm: Wenn du wirklich wissen willst, wie die Schwarzwälder sind, wie es zugeht im Schwarzwald, dann musst du Heinrich Hansjakob lesen! Wie oft ich das gehört habe. Auf der Homepage der Heinrich-Hansjakob-Gesellschaft Freiburg lese ich: *Ob Schwarzwaldbewohner, Schwarzwaldbesucher oder Schwarzwaldliebhaber – kaum jemand kommt an Heinrich Hansjakob vorbei. Früher oder später stößt jeder auf die Schriften dieses kernigen Volksschriftstellers. Was Hans Thoma als Maler geleistet hat, das hat auf seine Weise Heinrich Hansjakob mit literarischen Mitteln unternommen: die überzeugende Schilderung einer deutschen Landschaft und des hier ansässigen Menschenschlags.* Ich habe es lange vor mir hergeschoben, mich dem »Kernigen« in den Schriften Hansjakobs zuzuwenden. Ich wurde fündig, und es hat mich ganz und gar nicht gefreut, was ich da zu lesen bekam. So zum Beispiel in der Erzählung *Afra: Die war bekanntlich in ihrer Jugend eine Sünderin der Art, wie Frauen sündigen, und später, allerdings noch in ihrer Blütezeit, eine Märtyrerin und Heilige Gottes.* Oder: *Und auch Eva ist stets ein rechter und echter Name für Wibervölker, unter denen gar selten eine lebt, die keine Eva ist mit all den Fehlern der Stammmutter, und was sie Gutes haben und genießen, diese Wibervölker, ihr Ansehen in der Welt und ihre spärlichen Tugenden, verdanken sie Maria, der zweiten Eva, der Mutter des Erlösers.* Also ehrlich, da dreht es einem doch alles um, nicht nur den Magen, auch die der Literatur zärtlich zugewandten Fasern und Nerven und den Intellekt verwurschtelt es kreuz und quer, ganz zu schweigen von der Frau in mir, die sich gar mächtig und widerständig regt und einem solchen Gewäsch ganz unmissverständlich Einhalt gebietet. Antisemit war er auch, der kernige Bursche, da kann ich nur sagen: Wenn das mit dem Schwarzwald etwas zu tun haben soll und mit den Menschen, die hier leben, dann Vergelt's Gott, genug der schweren Kost. Ich verabschiede mich von dem Herrn mit dem großen Hut und überlasse ihn gern denen, die an solcherlei Volksliteratur Freude haben und sich davon belehrt fühlen. Da gehöre ich lieber zu der Gruppe der »kaum jemand«, die um diesen Volksschriftsteller herumkommen. Und was das alles mit Hans Thoma zu tun haben soll, ist mir ganz und gar unverständlich. Nirgendwo auf seinen Bildern ist mir auch nur im Ansatz etwas »Kerniges« begegnet.

Viel lieber nähere ich mich einer Malerin an, auf die ich bei meiner Recherche in Offenburg gestoßen bin, die mich sehr beeindruckt hat und die ziemlich schwer zu leiden hatte unter den kernigen Ansichten einer mehr als kernigen Zeit: Gretel Haas-Gerber. Als Tochter eines Arztes 1903 in Offenburg geboren, begann sie schon sehr früh zu malen und zu zeichnen. Der Schwarzwald ist immer wieder Thema von Gretel Haas-Gerber, vor allem in ihrem zeichnerischen Werk. Dabei sind die Landschaftsbilder in der Wirkung ganz ähnlich wie ihre Porträts: Man fühlt sich unmittelbar hineingezogen ins Bild. Wenigstens mir geht es so: Die Landschaft zeigt sich in einer solchen Lebendigkeit, dass ich mich am liebsten mitten hineinwerfen möchte, die Wege gehen, in den Wald hinein, die Hügel und Berge hoch und runter. Bei all den Bildern habe ich den Eindruck, es geht weiter über die Bildränder hinaus. Und genauso hat die Malerin auch gelebt: immer mit dem Blick in die Weite, über das hinaus, was direkt vor einem liegt, ohne es zu vernachlässigen. Ihr Lebensalltag war vielfältig: Sie hatte vier Kinder, half ihrem Mann in der Praxis. Während der Zeit des Nationalsozialismus hatte sie ihre künstlerische Arbeit stark einzuschränken. Das Bild *Das Hütemädchen* wurde wegen *Verächtlichmachung des Bauernstandes* beschlagnahmt und durfte nicht mehr ausgestellt werden. Selbst in ihrer Heimatstadt Offenburg wurde Haas-Gerber beargwöhnt und verspottet. Aber sie hörte nicht mit dem Malen auf. Gestorben ist Gretel Haas-Gerber 1998 in Offenburg.

Ebenfalls in Offenburg lebt auch ein anderer Maler, dessen Bilder eine starke Wirkung auf mich ausüben: Martin Dittrich. Geboren und aufgewachsen ist er in Rastatt. Wie bei Reinhard Klessinger denke ich auch bei ihm sofort an den Schwarzwälder, auch er hat etwas sehr

Zurückhaltendes, auch er spricht leise, scheint genau zu überlegen, was er sagt. Gewiss, es gibt andere Künstler aus anderen Gegenden, die auch so sind, aber ausreden lassen will ich es mir doch nicht ganz, dass hier etwas für diese Gegend Typisches zutage tritt. Eine ganz eigene Art von Konzentration. Eine starke und gleichzeitig sanfte Zugangsweise zu den Dingen, den Themen, auch dem Material. Er sei zur Malerei gekommen, weil Farben, vor allem Ölfarben, schon für das Auge etwas »Haptisches« hätten, das sinnliche Moment in der Malerei habe ihn immer schon angesprochen. Dabei malt er mittlerweile fast ausschließlich abstrakte Bilder, Streifen, meistens in Grau, aber in diesen Streifen sehe ich Stämme, sehe ich undurchdringlichen Wald, sehe ich durch die Vorgaben hindurch, die der Maler sich selbst gibt, das andere, was nicht vorgegeben ist, was sich ergibt.

Dittrich hat nicht abstrakt begonnen, die ersten Bilder waren gegenständlich. Er erzählt, am Anfang, während des Studiums an der Kunsthochschule von Karlsruhe, habe sein Lehrer immer vor seinen Bildern gestanden, auf denen Gegenstände im Nebel zu sehen waren, und gesagt, so ginge es nicht. Zu viel Schwarzwald war da, würde ich sagen, zu viel herbstlicher Nebel, der sich das ganze Jahr über immer wieder zeigen kann. Beeinflusst hat Dittrich vor allem die amerikanische Malerei, es fallen Namen wie Rothko, Franz Kline oder De Kooning. Wie er über das Schwarz zum Grau gekommen sei, von diesem ganz und gar Undurchdringlichen zum Durchlässigeren? Er spricht über eine »private Mythologie« und über den Wunsch, irgendwie doch die Weltformel zu entdecken. Was das alles mit dem Schwarzwald zu tun hat? Für mich einiges, denn ich sehe, wie die erste Erfahrung die von Nebel und von Schwarz und Undurchdringlich war, der man die Sichtbarkeit von Gegenständen, den Realismus abtrotzen musste. Ich sehe auch die Lust am Greifbaren, ganz und gar Realen. Und ich sehe die Fähigkeit und den Wunsch zur Abstraktion, zur Konstruktion, zur Feinarbeit. Beide Arbeitsmöglichkeiten werden und wurden von vielen kreativen Menschen aus dem Schwarzwald ausprobiert und zur Perfektion gebracht. Genauso wichtig die intensive Beschäftigung mit dem Material, die Lust am sinnlichen Element, egal, ob das nun bei den Uhrmachern der Fall war, bei den Glasbläsern oder den Flößern. Immer ist es auch der Stoff, das Material, sei das nun Holz, Glas, Stein oder Farbe, was Anreize schafft. Und immer sind es auch Einflüsse von außen, die hinzukommen, bei den Uhrmachern, den Flößern wie bei den Künstlern, Kunsthandwerkern, Malern, Schriftstellern.

Ich bin permanent unterwegs, durchquere Landschaften, besuche verschiedene Orte und treffe immer wieder auf Menschen, die unauflöslich verbunden sind mit diesen Orten. Es sind die verschiedensten Leute darunter. Während ich von Lenzkirch über Bonndorf und dann weiter Richtung Grafenhausen fahre, fällt mir auf, wie dicht der Wald hier ist, und ich wundere mich nicht über Ortsnamen wie Grünwald, Holzschlag, Steinasäge, Waldhaus. Merkwürdig erscheint es mir zunächst, dass man auf dieser Strecke überdurchschnittlich vielen Reisebussen begegnet, obwohl es sich um eine eher ruhige Gegend handelt, bis mir schlagartig klar wird: Das muss etwas damit zu tun haben, dass Herr Professor Brinkmann (welcher Schwarzwaldfreund kennt ihn nicht?) hier sein Haus hatte, als er noch in der *Schwarzwaldklinik* gearbeitet hat. Das Haus ist eigentlich ein Museum und war es schon lange vor Brinkmanns Zeit. Es trägt den Namen Hüsli und wurde 1911/12 von der Kammersängerin Helene Siegfried erbaut. Zunächst diente ihr das Haus lediglich als Feriendomizil, doch nachdem 1945 ihr Heim in Berlin zerstört worden war, zog sie endgültig ins Hüsli, also auf jeden Fall lange bevor Prof. Brinkmann dort residierte. Trotzdem, so erzählt der überaus freundliche und nahezu allwissende Museumswärter, kämen noch immer die meisten Touristen wegen der *Schwarzwaldklinik* hierher, ja manchmal genüge es ihnen sogar, das Haus einmal kurz von außen anzuschauen, gar nicht erst ins Innere zu blicken. Dabei lohnt es sich wirklich, das Hüsli von innen zu besichtigen. Frau Siegfried war eine Sammlerin von hohen Graden. Ihre Gänge zu den Bauern der weiteren und näheren Umgebung geben ein beredtes Zeugnis davon: So nämlich hat sie Bauernhandwerk, Kunst und kunstgewerbliche Gegenstände zusammengetragen, um sie in ihrem Haus wieder aufzustellen. Es ist ein Museum, dieses Haus, aber es trägt dennoch die Handschrift einer individuellen Persönlichkeit, die sich allerdings in heiklen Fragen *mit ihrem Gott beraten hat.*

Einzig und allein mit sich selbst beraten hat sich eine andere Schwarzwälderin und kennenlernen kann man auch sie in einer Art Bauernhausmuseum, wobei ich in diesem Fall eigentlich nicht von Museum sprechen will, hat das Ganze doch seinen ursprünglichen Charakter voll und ganz behalten. Die wenigsten kennen sie: Berta Schneider, geboren 1895 in Steinen-Kirchhausen, gestorben 1986 in Steinen-Kirchhausen. Berta Schneider lebte vom vierzigsten Lebensjahr an bis ins hohe Alter völlig autark auf ihrem Hof. Kriegs- und Besatzungszeit, immer wieder finanzielle Einbußen, widrige Wetterverhältnisse, alles hat sie bravourös bestanden. Sie schlachtete nie selbst ihre Tiere, Speck und Würste bekam sie von der Nachbarschaft. Was sie machte, war: melken, ausmisten, heuen, pflügen, eggen, ernten, dreschen, kochen, waschen, nähen, stricken, putzen, gärtnern, Holz sägen und spalten, heizen, Wintervorräte anlegen, Schnaps brennen. Als sie sich entschlossen hatte, 1952 das alte löcherige Strohdach durch ein Ziegeldach ersetzen zu lassen, untersagte sie es den Handwerkern, das Stroh zu verbrennen, sondern suchte sich das heraus, was ihr noch brauchbar erschien, häckselte es klein und verfütterte es ihren Rindern: Recycling perfekt! Mit ihrer Freundin Emmy, die einen Gemischtwarenladen hatte, machte sie rege Tauschgeschäfte: Gegen Zucker, Salz, Hefe, Öl, Kaffee, Wolle und Zwirn lieferte sie Gemüse, Salat, Kartoffeln, Eier, Schnaps, Beeren. Auf ihrem NSU-Velo sah man sie durch die Gegend kutschieren. Auf dem Kartoffelacker war sie noch mit 86 Jahren. Allerdings bewohnte sie zu dieser Zeit nicht mehr ihr gesamtes Anwesen. Das Wohnzimmer diente nun auch als Schlafzimmer. In der zweiten Stube hatte sie ihr geliebtes Federvieh untergebracht. So waren die Wege nun viel kürzer geworden, und Berta konnte viele Arbeiten weiterhin verrichten. Als es gar nicht mehr ging, verließ sie ihr Anwesen und ließ sich von einer befreundeten Familie versorgen. An ihrem neunzigsten Geburtstag wünschte sie sich, noch einmal hingebracht zu werden zu ihrem Haus.

Ich war da, habe mich umgeschaut, eine Führung mitgemacht. Beeindruckt hat mich vor allem auch die Rauchküche ohne Schornstein: dass da eine Frau älter als neunzig Jahre werden konnte, in diesem Rauch, und fast ohne Arzt ihr Leben lang. Der Schneiderhof ist zu besichtigen, zu begehen, zu beriechen, zu befühlen: Engagierte Leute machen das möglich. Und auch diese gehören ja letztlich zu den »besonderen« Menschen, um die es in diesem Kapitel geht. Auch das etwas, das ich gelernt habe auf meinen Recherchetouren: Der Schwarzwald beherbergt eine riesige Anzahl an Personen, denen etwas daran liegt, dass die Geschichte dieser Gegend lebendig bleibt, dass nichts einfach verschwindet und dass das Überlieferte nicht dem sich an Klischee und Kitsch begeisternden Tourismus zum Opfer fällt, sondern zu entdecken bleibt für diejenigen, die keine vorgefertigten Erlebniswelten brauchen und lieber auf ihre eigenen Sinne vertrauen.

# 7.

# *Die wilden Wälder*

*Das Massensymbol der Deutschen war das Heer. Aber das Heer war mehr als Heer, es war der marschierende Wald. Der Knabe, den es aus der Enge zu Hause in den Wald hinaustrieb, um, wie er glaubte, zu träumen und allein zu sein, erlebte dort die Aufnahme ins Heer voraus. Im Wald standen schon die anderen bereit, die treu und wahr und aufrecht waren, wie er sein wollte, einer wie der andere, weil jeder gerade wächst und doch ganz verschieden an Höhe und Stärke.*

So Elias Canetti in *Masse und Macht*. Aber war es nicht viel eher so, dass der Knabe erleben sollte, dass die Bäume wie Soldaten sind, die aufrecht in den Krieg marschieren? Hat man einem derart direkt und eindeutig erlebenden Jungen nicht die eigene Erlebnisfähigkeit bereits abtrainiert? Kann Erleben organisiert oder gar befohlen werden? Heute scheinen mir ganz ähnliche Tendenzen am Werk zu sein, nämlich dann, wenn ich durch den Wald spazierend auf Informationstafeln treffe, in denen mir »Erlebniswelten« garantiert werden.

Sollte dem wirklich so sein, wie es Canetti beschreibt und die Tourismusindustrie suggeriert, dann bekenne ich mich hiermit zur Fahnenflucht. Außerdem lege ich es darauf an, das Kind zu befreien, das in dem von Canetti beschriebenen Knaben steckt. Die Erlebniswelten-Tafeln werden verhängt, alles Symbolische sei vergessen.

Ich gehe vor mich hin, schaue ab und zu auf, genieße die gute Luft, den Tannenduft, freue mich, dass mein Aufenthalt im Wald »Arbeit« ist, ich kein schlechtes Gewissen haben muss, weil ich nicht am Schreibtisch sitze, in den Computer tippe, Literatur wälze.

Allein im Wald und plötzlich dies Gefühl: Mir ist, als wäre ich gar nicht allein, als hätte ich ein Kind an der Hand, das Gefühl ist sehr stark und ich erkenne, dass dieses Kind ich selbst bin. Ich gehe mit mir durch den Wald, ich bin erwachsen und ich bin gleichzeitig das Kind, das ich früher war. Das Kind will rennen, fast reißt es sich los, es zieht mich mit sich, ich laufe schneller, als ich es normalerweise tue, ich will es nicht verlieren, das Kind gehört zu mir, und ich habe Angst, es könnte sich verlaufen, ohne meinen Schutz. Von einer ziemlichen Wildheit ist es schon, und mir kommen Worte in den Kopf aus Theresia Walsers Theaterstück *So wild ist es in unseren Wäldern schon lange nicht mehr,* da heißt es: *Sie! Sind Sie denn wahnsinnig, einem einfach ein Messer in die Hand zu geben, sind Sie denn irr, was wissen Sie denn, was wissen Sie, wie wild es in einem sein kann! So wild ist es in unseren Wäldern schon lange nicht mehr. Da stecken Sies weg! Da los da! Da! Weg damit! Sie Depp von einem Menschenkenner!!!*

Es gibt keine Räuber mehr im Wald, es gibt stattdessen viel zu viele Schilder im Wald, es gibt Anweisungen, ob man rechts oder links zu gehen hat, Einbahnstraßen, Einordnungsverordnungen, Verbote, Gebote. Der Wald ist ganz und gar unter die Kuratel der Erwachsenen geraten, sie bestimmen, wie wild es in ihm noch sein darf, sie verbieten den Streunern, den Vagabunden, den Räubern, sich blicken zu lassen, sie wollen, dass ein für alle Mal Ordnung herrscht. Der Wald soll sein wie ein aufgeräumtes Wohnzimmer oder wie eine Sportarena, in der alle sich auf gespurten Bahnen zu bewegen haben.

Für das Kind war es einfach, es ging mit der Großmutter und den Geschwistern in den Wald. Die Großmutter setzte sich, wie es sich gehört für eine Großmutter, aufs Bänkchen, und die Kinder spielten, rannten umher, fielen hin, schürften sich die Knie auf, heulten, wurden getröstet, rannten weiter. Die Wildheit des Waldes, die Anarchie unter den Bäumen, Farnen, Moosen, Kräutern, kleinen Tieren korrespondierte mit der inneren Wildnis, der ganz natürlichen, nicht anerzogenen. Später dann, als das

Kind ein wenig größer war, ging es mit Freundinnen zum Beerensuchen in den Wald. Himbeeren vor allem waren es, im Sommer, später im Jahr dann Heidelbeeren. Der Rücken tat weh, aufgeschürft war man wieder, nicht nur am Knie, sondern an den ganzen Beinen und an den Armen. Und noch ein wenig später, als das Kind nun fast kein Kind mehr war, gab es Spaziergänge und Wanderungen allein, ohne Begleitung, Skitouren auf ungespurten Wegen, meistens bei heftigem Schneefall, dann war es am geheimnisvollsten. Aber inzwischen war etwas geschehen: Die Wildnis im Inneren hatte sich zurückgezogen, einen Nischenplatz eingenommen, weil die Erziehung zur funktionstüchtigen Erwachsenen in vollem Gang war und einherging mit einer Verschilderung des jugendlichen Alltags.

Die Wildheit im Inneren war also fast nicht mehr zu merken –, was blieb, waren die wilden Wälder. Zusammenkommen konnten die beiden Wildnisse nur dann, wenn ich allein unterwegs war, zu Fuß oder auf Skiern. Dann lockte der Wald meinen leise vor sich hin züngelnden Freiheitsdrang aus der Reserve, wir atmeten um die Wette tief ein und aus, fassten uns an den Händen und schworen uns ein ums andere Mal ewige Treue.

Und heute? Wenn mich grimmige Skifahrergesichter von der Loipe jagen, wenn ich mich mitten im Wald nach Verkehrsregeln richten, mich links oder rechts einordnen muss, dann kriege ich plötzlich wieder den Anschluss an das Wilde meiner Kindheit, dann verbinden sich die fast vergessene, immer stärker zurückgedrängte Wildnis der Wälder und die Wildnis im Innern, und ich denke: Vorsicht, all ihr eingefahrenen Ski- und Radsportler, ihr Abenteuerverweigerer, ihr Erlebnissekonsumierer, ihr Walker mit den Klipper-Klapperstöcken, wenn ihr wüsstet, wie wild es in einem sein kann, und wenn ihr wüsstet, was geschieht, wenn der Wald sich auf sich selbst besinnt, eine Revolution anzettelt und eure Herrschaft beendet.

Meine Liebeserklärung an den Wald wäre unvollkommen, wenn ich nicht ein ganz spezielles Baumindividuum herausheben und bedenken würde. Ich spreche vom Weihnachtsbaum, genauer, von der Weihnachtsweißtanne. Denn die Fichte hat in diesem Fall nichts zu melden. An Weihnachten muss in meinem Wohnzimmer eine Weißtanne stehen, das war schon immer so, und das bleibt auch so. Jedes Jahr das gleiche Spiel: Losgehen, die anderen Käufer überholen, fast überrennen, damit ja keiner meinen Baum wegschnappt, das Gesicht angespannt, mit wild geradeaus blickenden Augen, weder links noch rechts schauend, und erst entspannter bis schließlich glückselig lächelnd, sobald er gefunden: der Baum, der nur zu mir wollte, der, noch als er im Wald stand, von mir träumte. Ich sehe es ihm an, auf den ersten Blick, niemand anders hätte ihn kaufen dürfen, beide, Baum und

Käufer, wären unglücklich geworden, Weihnachten wäre versaut gewesen. Mein untrüglicher Baumfindeinstinkt hat mich noch nie getäuscht, und fast bin ich davon überzeugt, dass man die ganz echte Schwarzwälderin, den ganz echten Schwarzwälder an dieser verrückten, völlig irrationalen Liebe zum Weihnachtsbaum erkennt. Bei meinem Vater war sie ebenfalls ziemlich heftig und ging so weit, dass er, obwohl wir genug Geld hatten, einen schönen Baum zu kaufen, mit dem Auto in den Wald fuhr, um genau das »Bäumel«, wie er sagte, zu holen, das ihm geeignet schien, uns alle glücklich zu machen. Es verhält sich also wie bei Mensch und Gesellschaft: Nur wer den Wald liebt, kann einen Bezug herstellen zum einzelnen Baum, und nur wer den einzelnen Baum liebt, fühlt sich wohl im Wald. Und tatsächlich existiert der Ausdruck *Waldgesellschaften*. Das hört sich doch viel besser an als Canettis *marschierender Wald*. Außerdem: Wer will sich schon einen Soldaten ins Zimmer stellen, um ihn mit Kugeln und Lichtern zu schmücken?

Und so ist es in der Tat der Wald, der für mich das ganz und gar Unverwechselbare des Schwarzwaldes ausmacht. Zu ihm bin ich in diesem Reisejahr immer wieder zurückgekehrt. Mein Reisetempo war eher langsam, ich hielt mich gerne länger auf, und so taucht manches nicht direkt auf in diesem Buch. Ich wäre noch einmal ein Jahr unterwegs gewesen, hätte ich alle Ziele aufgesucht, die es verdient hätten, vorzukommen. All diejenigen Orte, Gegenden, Leute, die sich nicht finden, können aber gewiss sein: Sie sind mitgemeint, so wie beim Sprechen über den Wald jeder einzelne Baum angesprochen wird.

Als Ganzer ist der Schwarzwald besonders, mit nichts zu vergleichen und vielleicht wirklich die schönste Gegend der Welt.

## *Register*